I0824103

LOS 5 LENGUAJES
DEL
amor
EDICIÓN PARA SOLTEROS

El secreto que revolucionará tus relaciones

Gary Chapman

Publicado por
Unilit
Medley, FL 33166

Primera edición actualizada 2018
Primera edición actualizada 2018 (Serie Favoritos)

Título del original en inglés:
The 5 Love Languages Singles Edition
Publicado por *Northfield Publishing*
Chicago, IL 60610

Traducción: *Nancy Pineda*
Diseño interior: *Smartt Guys design*
Diseño de la cubierta: *Faceout Studio*
Fotografía de la portada: *Boone Rodriguez (boonerodriguez.com)*
Fotografía del autor: *P.S. Photography*

Producto: 499171
ISBN: 0-7899-2419-6 / 978-0-7899-2419-3

Categoría: Vida cristiana / Relaciones / Vida de solteros
Category: Christian Living / Relationships / Single Living

Impreso en Colombia
Printed in Colombia

Para los muchos solteros que me narraron
sus luchas y alegrías en las relaciones.
Mi deseo es que este libro traiga más
alegría y menos lucha.

Contenido

Reconocimientos

Muchos hilos de influencia se han entrelazado para producir este libro. Primero, recibí mucha influencia de los solteros que leyeron mi libro original de *Los 5 lenguajes del amor* para parejas casadas y me animaron a escribir la continuación para solteros. Sin su aliento, nunca habría comenzado el viaje.

El segundo hilo de influencia fue la cantidad de solteros que me narraron sus encuentros con el amor, o la falta de amor, que les moldearon la vida. Sus historias evitan que este libro sea un tratado académico. Lloré y dancé con ellos, y espero que el lector experimente el dolor y la emoción del amor. Todos los nombres se cambiaron a fin de proteger la privacidad de las personas, pero sus historias son ciertas.

Las palabras y los párrafos los mecanografiaron Tricia Kube y Martha Jones. Tricia ha sido mi asistente administrativa por más de veinte años, y Martha ha sido mi valiosa asistente a tiempo parcial. Kay Tatum fue la gurú de la informática que juntó todos los aspectos técnicos y tejió los capítulos por separado para un manuscrito. Sin la ayuda de estas tres damas dedicadas, las palabras de este libro todavía estarían dando vueltas en mi cabeza.

Shannon Warden trabajó como mi asistente de investigación. Pasó numerosas horas entrevistando a solteros y ayudándome a intercalar sus historias en la estructura del mosaico del lenguaje del amor. También produjo el «perfil de los lenguajes del amor» que se encuentra al final del libro. Agradezco profundamente su contribución.

El equipo de *Northfield Publishing* realizó su trabajo habitual de alentarme en el proyecto. Randall Payleitner y Jim Vincent me ayudaron mucho en sus sugerencias editoriales. Le agradezco a Bailey Utecht por sus actualizaciones de investigación. Greg Thornton y Bill Thrasher creyeron en el proyecto desde el principio y me animaron a llevarles a los solteros el mensaje de los cinco lenguajes del amor. Todo el equipo editorial está comprometido en ayudar a los solteros a tener relaciones de amor. Su interés personal en el libro me motivó a seguir «tejiendo» los hilos.

Al publicar esta nueva edición, quiero darle las gracias a Betsey Newenhuyse por su experiencia editorial, y a Connor Sterchi por su aporte en el apéndice sobre las citas en línea. Cada uno de ellos mejoró esta edición actualizada.

Como siempre, mi esposa, Karolyn, apoyó este proyecto. Ha trabajado conmigo a través de los años, ya que hemos tratado de desarrollar amistades con los solteros. Nuestras vidas se han enriquecido en gran medida por estas relaciones. Esperamos que este libro anime a los solteros a buscar el «amor» por encima de todo, sabiendo que buscar el amor es buscar a Dios.

LOS 5 LENGUAJES DEL amor
EDICIÓN PARA SOLTEROS

Introducción

Cuando escribí *Los 5 lenguajes del amor: El secreto del amor que perdura,* nunca soñé que su mensaje provocaría semejante respuesta. Las ventas totales son ahora por más de diez millones de ejemplares. Cada año, el libro vende más ejemplares que el año anterior. *Los 5 lenguajes del amor* se ha traducido a cincuenta idiomas en todo el mundo.

En muchas ocasiones, me han pedido que explique su éxito fenomenal. La única respuesta que tengo es que su mensaje se centra en nuestra necesidad emocional más profunda: la necesidad de sentirse amado. Para las parejas casadas, proporciona los conocimientos y los recursos prácticos para mantener vivo el amor emocional en un matrimonio. Miles de parejas señalan que la idea de los cinco lenguajes del amor trajo «nueva vida» a su matrimonio.

Debido a que el libro se escribió de manera específica para parejas casadas, no anticipé que también lo leerían muchos adultos solteros. A menudo me encuentro con adultos solteros como Jill, que dijo: «Sé que usted escribió *Los 5 lenguajes del amor* para parejas casadas, pero quiero que sepa que me ha ayudado mucho en todas mis relaciones». Conocí a solteros como Nathan, estudiante de último año en la universidad, quien me dijo: «Nunca entendí a mi compañero de cuarto hasta que leí su libro. Tiene que escribir una versión de *Los 5 lenguajes del amor* para adultos solteros». Por lo tanto, mi motivación para escribir esta edición proviene de los muchísimos adultos solteros que han expresado estas mismas necesidades y deseos.

Aunque lo que escribo y aconsejo se ha centrado en el matrimonio y la familia, sin cesar me encuentro justo en medio de una cultura llena de adultos solteros. Hace años, comencé un ministerio para adultos solteros en la iglesia a la que asisto y donde he servido como consejero por muchos años. Durante nueve años me sumergí en las alegrías y las luchas de los adultos solteros. Hicimos juntos todo tipo de cosas divertidas, viviendo en comunidad. Algunos de los grupos pequeños se centraron más en el «crecimiento» para la gente que le iba bien, mientras que teníamos grupos de «apoyo» para los que pasaban por momentos más difíciles. Durante esos tiempos de crecimiento y apoyo fue que pude emplear cientos de horas en consejería individual con adultos solteros que afrontaban una serie de problemas emocionales y relacionales. Ese ministerio todavía es una parte floreciente de nuestra familia de la iglesia hoy.

Casado o soltero, joven o anciano, cada ser humano tiene la necesidad emocional de sentirse amado. Cuando se suple esta necesidad, nos movemos para alcanzar nuestro potencial para Dios y nuestro potencial para el bien en el mundo. Sin embargo, cuando no nos sentimos amados, solo luchamos por sobrevivir. Estoy muy convencido de que las verdades de este libro les permitirán a los adultos solteros aprender las habilidades que conducen a amar y ser amado.

Ahora bien, es importante que comprendas que este libro no es una repetición del original de *Los 5 lenguajes del amor* con una nueva cubierta. Los cinco lenguajes del amor no han cambiado, por supuesto, pero en las páginas siguientes nos enfocaremos en su aplicación a los adultos solteros. Estoy en deuda con los cientos de adultos solteros que me han contado sus historias de cómo los cinco lenguajes del amor han mejorado cada una de sus relaciones.

Nada tiene más potencial para fortalecer la sensación de bienestar que amar y ser amado de manera eficaz. Cualquiera que sea tu situación (nunca casado, divorciado, viudo), tu necesidad emocional más profunda es sentirte amado, y tus mayores éxitos se obtendrán al amar a los demás. Este libro se diseñó para ayudarte a hacer ambas cosas con eficiencia.

En los primeros dos capítulos, exploraremos quiénes son los adultos solteros y por qué el amor es la clave de las relaciones. En los capítulos 3-7, aprenderás sobre cada uno de los cinco lenguajes del amor. En el capítulo 8, descubrirás tu propio lenguaje primario del amor y cómo descubrir los lenguajes del amor de los demás.

NO SOLO PARA LAS RELACIONES ROMÁNTICAS

Los capítulos restantes te ayudarán a aprender cómo amar y ser amado al hablar estos lenguajes del amor. En el capítulo 9, descubrirás cómo aplicar los principios de los cinco lenguajes del amor, a fin de comprender a tus padres, hermanos y al resto de tu familia. Los capítulos 10-11 explorarán las relaciones de pareja, la posibilidad de matrimonio y la importancia de los lenguajes del amor al forjar una relación matrimonial exitosa. El capítulo 12 se enfocará en comunicarles amor a los compañeros de cuarto, de clase y de trabajo; los lenguajes del amor no son solo para relaciones sentimentales. El capítulo 13 tiene pautas para padres solteros que les comunican amor a sus hijos. Por último, en el capítulo 14, nos enfocaremos en el amor como la clave del éxito.

Acompáñame en este viaje a la vida personal de docenas de adultos solteros que han comprobado que el mayor descubrimiento de la vida es aprender a dar y recibir amor de forma adecuada.

LOS 5 LENGUAJES DEL
amor
EDICIÓN PARA SOLTEROS

1

ADULTOS SOLTEROS:
Significativo y creciente

Si estás leyendo este libro, es probable que seas soltero o conozcas a alguien que lo esté. Más de la mitad de todos los adultos estadounidenses son solteros, el 50,2 % de nosotros. (Por el contrario, en 1950 ese número se mantuvo en alrededor del 22 %)[1].

El 20 % de los adultos estadounidenses nunca se ha casado, un número que representa un «récord histórico»[2]. La edad media de un primer matrimonio ha aumentado a veintisiete años entre las mujeres y veintinueve entre los hombres. Esto significa que, en la población general de personas entre dieciocho y veinticuatro años, casi cuatro de cada cinco (78 %) nunca se han casado.

1. Divorciados. Es difícil tener un verdadero control de la tasa de divorcios en este país, aunque el número de «uno de cada dos matrimonios» se ha desacreditado en gran medida. Sin embargo, el profesor Scott Stanley, de la Universidad de Denver, señala que una pareja joven que se casa hoy por primera vez tiene un riesgo de divorcio de por vida del 40 %, «a menos que las tendencias actuales cambien de manera significativa»[3]. El punto es que millones de estadounidenses están «solteros otra vez» debido al divorcio; millones más están separados de sus cónyuges. Las investigaciones indican que casi el 87 % de las parejas separadas pasan a obtener el divorcio[4].

2. Viudos. De seguro que la viudez se basa en el género. Cuatro de cada cinco adultos solteros por la muerte de su cónyuge son mujeres. El 66 % de todas las mujeres de sesenta y cinco años y más son viudas[5].

3. Padres solteros. Hoy en día, existen alrededor de doce millones de familias monoparentales en los Estados Unidos, el 80 % de las mismas la encabezan mujeres. Uno de cada cuatro niños menores de dieciocho años se cría sin padre: uno de cada tres familias[6].

HETEROGÉNEO, PERO UNIDO

Sin duda, los adultos solteros son un grupo heterogéneo de personas. Sin embargo, todavía están unidos por esos factores que nos mantienen juntos como humanos. Todos luchan con los valores, la moral, las relaciones y el significado. Si eres un adulto soltero, como todos los demás, tratas de comprenderte a ti mismo y a tu lugar en el mundo. En el centro de estas búsquedas está la necesidad de una persona soltera de dar y recibir amor emocional.

No se puede negar que a la vida de soltero a veces se le conoce mejor como la vida solitaria. La soledad puede significar anhelo sexual, criar solo a los hijos, afligirse por la pérdida de un cónyuge o pareja, luchar por encontrar a alguien con quien relacionarse, incertidumbre financiera, afrontar una noche de viernes vacía y mucho más. No obstante, en el fondo, estas personas están lidiando con lo mismo: la necesidad de relaciones estrechas y significativas con las personas que se preocupan por ellas, están ahí para ellas, caminen por la vida con ellas.

No importa en qué categoría de soltería puedas caer, como adulto soltero quieres sentirte amado por las personas importantes en tu vida. También quieres creer que los demás necesitan tu amor. Dar y recibir amor es el centro de la sensación de bienestar de cada adulto. Si te sientes amado y necesitado, puedes sobrevivir a las presiones de la vida. En cambio, sin amor, la vida puede volverse sombría en extremo.

EL HOMBRE CON UN HALO DE METAL

Me encontré con Roberto por primera vez en uno de mis viajes al Gran Cañón (uno de los retratos más bellos de la naturaleza). En el borde sur del cañón, en algún lugar cerca de *Bright Angel Trail*, vi a Roberto y dos adultos mayores. No era difícil de detectar, pues llevaba un corsé ortopédico con un halo de metal que rodeaba su cabeza. Le hice un gesto amistoso y le sonreí, para saludarlo a mi manera.

Roberto respondió: «Hola, espero que esté pasando un buen día». Su sonrisa tentadora me hizo conversar. Descubrí que había sufrido lesiones en la espina dorsal durante un accidente de senderismo. La pareja mayor era su madre y su padre.

Los tres tenían planeado un viaje familiar al Gran Cañón dos años antes. El dinero fue un problema el primer año, por lo que pospusieron su sueño. Entonces, Roberto tuvo su accidente y no pudieron salir de casa. Ahora que Roberto estaba algo mejor, habían venido a ver el cañón. Cuando la familia planeó en un principio el viaje, tenían la intención de caminar hasta el pie del cañón. Su sueño se alteró, pero no se destruyó. Entonces, planearon pasar la semana disfrutando de las vistas.

Roberto colocó su silla en posición para una gran vista del sendero y el cañón, y él y sus padres se llenaban del impresionante panorama. Los elogié por no rendirse en sus sueños y les deseé lo mejor.

Mi hijo y yo continuamos nuestra semana juntos explorando el cañón. Hacia el final de la semana, me encontré con Roberto en el vestíbulo del hotel *Bright Angel Lodge*. Debido a nuestro encuentro anterior, parecía que veía a un viejo amigo. Terminamos hablando por dos horas. Roberto me contó su historia sobre la caída que resultó en sus heridas y los esfuerzos decididos de los trabajadores de rescate que lo llevaron en helicóptero. Me contó sobre el dolor y la lucha emocional de esos primeros días en los que no estaba seguro de poder volver a caminar. Tuvo varios problemas con la depresión, perdió una nueva oportunidad laboral y pasó muchas semanas en terapia física.

Cuando le pregunté qué le permitió atravesar esa experiencia y seguir aún con un espíritu tan lleno de vida, su respuesta fue sencilla. «Amor», dijo. «Esa es la única forma en que podría haberlo logrado. Mamá y papá estuvieron conmigo durante todo el proceso, y yo tenía una amiga... no una relación romántica, sino una amiga cercana que venía a verme todos los días en esas primeras semanas. No creo que hubiera podido lograrlo sin ella. Me devolvió la esperanza. Me animó en mi terapia, y oró conmigo. Nunca antes había tenido una chica que orara conmigo. Había algo en la forma en que hablaba con Dios que me dio esperanza. Sus palabras fueron como lluvia sobre mis emociones resecas.

»Todavía somos buenos amigos. Su amor y el amor de mis padres me ayudaron».

Luego, Roberto agregó: «Espero que algún día pueda ayudar a otra persona de la misma manera en que me han ayudado a mí».

Roberto es un ejemplo viviente, tanto del poder del amor como de la profunda necesidad del adulto soltero de amar y ser amado. El amor es el componente fundamental de todas las relaciones humanas. Impactará en gran medida nuestros valores y nuestra moral. También estoy convencido de que el amor es el ingrediente más importante en la búsqueda de significado del soltero.

Por eso es que me siento obligado a escribir este libro sobre los cinco lenguajes del amor. Lo que leerás en las siguientes páginas tiene el potencial de mejorar cada aspecto de tu vida. Leer este libro requerirá tiempo, pero te aseguro que será uno bien invertido. Es probable que hayas invertido mucho tiempo aprendiendo el lenguaje de la tecnología, no solo en el trabajo, sino también con fines sociales. Cosas como enviar mensajes de texto, el internet (y sitios de citas por internet) y las redes sociales a través de Facebook, Instagram, blogs y mucho más. Si es así, has cosechado los beneficios. Lo lamentable es que la mayoría de los adultos solteros (y la mayoría de las personas en general) le ha dedicado más tiempo a pensar en la tecnología que a estudiar el amor.

La mayoría de las personas le ha dedicado más tiempo a pensar en la tecnología que a estudiar el amor.

¡NO SUCEDE POR ARTE DE MAGIA!

Estoy de acuerdo con el profesor Leo Buscaglia, quien habló y escribió a menudo sobre el amor. Dijo: «Nos negamos a enfrentar el hecho evidente de que casi todos pasamos la vida tratando de encontrar el amor, de vivir en el amor para finalmente morir sin haberlo descubierto verdaderamente»[7].

He invertido muchos años en ayudar a las personas a descubrir cómo relacionarse en lo emocional entre sí: cómo dar y recibir amor de forma dinámica, sin esperar con pasividad a que suceda por arte de magia. Te puedo asegurar que si lees y aplicas la información dada en los siguientes capítulos, descubrirás cómo dar y recibir amor de manera más eficaz. Descubrirás el ingrediente que faltó en algunas de tus relaciones pasadas, y aprenderás el modo de entablar relaciones sanas y de apoyo aprendiendo a hablar el lenguaje primario del amor de otras personas, y a comprender mejor tu propio lenguaje primario del amor.

Gran parte del dolor en las relaciones rotas en nuestro mundo proviene de la verdad de que muchos de nosotros en la cultura occidental nunca hemos sido buenos estudiantes del amor. No lo tomamos lo bastante en serio como para saber de qué manera funciona en realidad. En las siguientes páginas conocerás a docenas de adultos solteros de todas las categorías y edades que han descubierto que una comprensión adecuada del amor tiene de veras el potencial de cambiar el mundo... y de cambiarte a ti y a tus relaciones.

ASUNTOS A TENER EN CUENTA

1. *¿Hasta qué punto te sientes amado por las personas importantes en tu vida?*
2. *En un momento de necesidad, ¿has experimentado el amor de un amigo como lo describió Roberto: «No creo que hubiera podido lograrlo sin ella»? Si es así, ¿cómo mostró tu amigo su amor?*
3. *¿Has sido amigo de alguien necesitado? ¿Cómo le expresaste tu amor?*
4. *¿Qué tan exitoso has sido en dar y recibir amor emocional?*
5. *¿Qué tan interesado estás en estudiar la naturaleza del amor y aprender nuevas formas de expresar amor?*

LOS 5 LENGUAJES DEL amor
EDICIÓN PARA SOLTEROS

2

ESTO ES TODO:

La clave de tus relaciones

Es seguro asumir que todos los que leen este libro tienen relaciones. La pregunta es: ¿cuál es la calidad de estas relaciones?

Las relaciones positivas y afirmativas brindan un gran placer, pero las relaciones poco saludables pueden provocar un dolor profundo. Sería muy atrevido como para sugerir que la mayor felicidad de la vida se encuentra en las buenas relaciones, y el dolor más profundo de la vida se encuentra en las malas relaciones. Si te sientes amado por tu madre, la relación materna te brinda una sensación de consuelo y aliento. Por otro lado, si tu relación con tu madre está rota, es probable que experimentes sentimientos de abandono. Y si tu madre abusó de ti, tal vez te sientas herido y enojado, quizá hasta sientas odio.

COMIENZA CON NUESTROS PADRES

La falta de amor de los padres a menudo motiva a los hijos a buscar amor en otras relaciones. Muchas veces esta búsqueda es errónea

Ya sea que quieras o no, todas tus relaciones se ven impactadas por la relación que tuvieras con tus padres.

y conduce a una mayor decepción. Durante varios años, mi hijo, Derek, ha trabajado con personas de la «calle». Hace unos años, me dijo: «Nunca he conocido a nadie en la calle que haya tenido una buena relación con su padre».

Ya sea que quieras o no, todas tus relaciones se ven impactadas por la relación que tengas, o tuvieras, con tus padres. La naturaleza de esa relación tendrá una influencia positiva o negativa en todas las demás relaciones.

Algunos adultos solteros no se han sentido amados por uno o ambos padres. Para compensar el vacío, se han dedicado a actividades positivas y logrado metas admirables en muchos campos, pero no han tenido éxito a la hora de entablar relaciones positivas con otros adultos. La mayoría nunca se ha detenido a preguntar: «¿Qué necesito aprender sobre el amor para establecer relaciones positivas y exitosas?». Comprender los cinco lenguajes del amor responderá esa pregunta.

AMOR OBSESIVO, AMOR DE PACTO

Las relaciones nunca son estáticas. Todos experimentamos cambios en las relaciones, pero pocos nos detenemos a analizar por qué una relación mejora o empeora. La mayoría de los solteros divorciados no fueron al matrimonio con el objetivo de divorciarse. Es más, casi todos se sentían muy felices cuando se casaron. Habrían caracterizado su relación conyugal como positiva, amorosa y alentadora. Es obvio que algo le sucedió a la relación. Para cuando se divorcian, dicen cosas como: «Mi cónyuge es poco amoroso, despreocupado, egocéntrico y, a veces, simplemente insoportable». Lo irónico es que el otro cónyuge a menudo hace declaraciones similares sobre ellos. ¿Qué pasó?

Con miles de matrimonios que terminan en divorcio cada año, ¿no es hora de hacer un alto y preguntar por qué? ¿Por qué los buenos matrimonios salen mal? ¿Por qué las personas llegan a la soltería de nuevo? Después de muchos años como consejero matrimonial, estoy convencido de que la respuesta está en el malentendido que la mayoría de la gente tiene sobre la naturaleza del amor.

La sociedad occidental es en gran parte adicta al amor romántico, pero al mismo tiempo somos muy ignorantes de los hechos sobre el amor. Hemos creído en el concepto de que el amor es algo que te sucede. Es mágico, obsesivo, estimulante. Si lo tienes, lo tienes; y si no lo tienes, no lo tienes, y no hay nada que puedas hacer al respecto. Si bien esta descripción del amor puede ser bastante precisa, solo describe la primera etapa de una relación romántica. De seguro que no describe la segunda y más importante etapa del amor romántico. Veamos estas dos etapas de una relación.

Primera etapa: «Enamoramiento»

¿Sabías que se ha llevado a cabo una amplia investigación científica sobre la etapa obsesiva del amor del «enamoramiento»? La difunta profesora Dorothy Tennov escribió un libro clásico, *Love and Limerence*, en el que concluía que el promedio de vida de esta etapa del amor es de dos años[1]. Durante esta etapa obsesiva del amor, vivimos bajo la ilusión de que la persona de la que estamos enamorados es perfecta... al menos, perfecta para nosotros. Nuestros amigos pueden ver sus defectos, pero nosotros no. Tu mejor amigo puede decir: «No me gusta cómo se enoja contigo». Tu respuesta puede ser: «Ah, solo es emocional. Además, siempre se disculpa después que explota». Tu hermano puede decir: «¡Pero ella ha estado casada tres veces!». A lo que respondes: «Todos esos hombres fueron perdedores antes. Ella merece ser feliz. Voy a hacerla feliz».

Durante esta etapa inicial del amor, tenemos otros pensamientos irracionales, tales como: «Nunca seré feliz a menos que estemos juntos para siempre. En realidad, nada más importa en la vida». Tal pensamiento a menudo lleva a un estudiante a abandonar la universidad y casarse con su amante, o solo a mudarse juntos. En esta etapa del amor, las diferencias se minimizan o se niegan. Solo sabemos que somos felices, que nunca hemos sido más felices, y tenemos la intención de ser así de felices por el resto de la vida.

Esta etapa del amor no requiere mucho esfuerzo. Estaba en el aeropuerto de Filadelfia una tarde cuando una joven, a quien llamaré Carmen, se dirigió hacia mí y se presentó. Me recordó que nos vimos en una conferencia unos dos años antes. Durante nuestra conversación, me enteré de que se casaría en unas seis semanas. Es más, iba en camino para ver a su prometido que estaba destinado en una base naval cerca de Chicago. Cuando le dije que iba a celebrar un seminario sobre el matrimonio, me preguntó:

—¿Qué enseña en esos seminarios?

—Ayudo a las parejas a aprender cómo trabajar en su matrimonio.

—No entiendo —respondió Carmen—. ¿Por qué tendrías que trabajar en un matrimonio? Si se tiene que trabajar en esto, ¿no significa que quizá no debieras haberte casado en un principio?

Carmen expresaba un mito que es común que se crea sobre el amor. El mito contiene algo de verdad, pero solo es una verdad parcial. Lo cierto es que el amor requiere poco trabajo durante su etapa inicial. Uno no trabaja para enamorarse. Solo sucede.

Todo comienza con lo que llamo el «hormigueo». Hay algo en la forma en que se ve a la otra persona, la forma en que habla, la forma en que se emociona, la forma en que se comporta que le produce un pequeño cosquilleo interior. Son los hormigueos que nos motivan a pedirle a alguien que salgamos a tomar un café. A veces perdemos el hormigueo en la primera cita. Algo que dicen o hacen nos molesta, o descubrimos que tienen un hábito que sabemos que no podemos tolerar. Por lo tanto, la próxima vez que nos inviten a tomar un café, no estamos tan deseosos en realidad. Está bien para nosotros si nunca volvemos a ver a la persona, y los hormigueos mueren de forma rápida y natural.

Sin embargo, con otras personas, cada vez que salimos a tomar un café, no podemos esperar a fin de reunirnos para la próxima taza, ¡nos encanta tanto el café! Los hormigueos se vuelven cada vez más fuertes, y la obsesión emocional comienza a asentarse. Nos encontramos pensando en la persona en cuanto nos despertamos. Es la última persona en quien pensamos antes de quedarnos dormidos. Todo el día nos preguntamos qué está haciendo la persona. Apenas podemos esperar para estar juntos de nuevo, y cada vez que estamos juntos, es ideal.

Al final, uno de nosotros le dice al otro algo así: «Creo que podría amarte». Estamos probando las aguas para ver si sienten lo mismo que nosotros. Y si nos dan una respuesta positiva, como: «¿Qué habría de malo en eso?», nos miraríamos con anhelo y de manera profunda a los ojos en la noche. La próxima vez que estemos bajo la luna, lo cierto es que decimos las palabras «Te amo». Y esperamos hasta que respondan: «Yo también te amo». Desde ese momento, la obsesión emocional crece hasta que estamos seguros de que queremos pasar juntos el resto de nuestra vida.

En esta etapa obsesiva del amor es que la mayoría de la gente se casa, y otros comienzan a vivir juntos. Toda la relación transcurre sin esfuerzo. Nos dejamos arrastrar por las emociones intensificadas por la obsesión del «amor». Debido a eso, mi amiga en el aeropuerto no podía comprender lo que es trabajar en un matrimonio. Anticipaba que su matrimonio continuaría en ese estado eufórico en el que cada uno de ellos se entregaba con libertad al otro, y en el que cada uno veía al otro como la persona más importante del universo.

En la cultura occidental, sus percepciones del amor son típicas tanto para adultos solteros como casados. Por eso es que entender los cinco lenguajes del amor es tan crítico si queremos tener relaciones a largo plazo. Los cinco lenguajes del amor revelan cómo mantener vivo el amor emocional una vez que bajamos del nivel emocional de la etapa obsesiva del amor.

Sin este conocimiento, cuatro de cada cinco personas que se divorcian se volverán a casar y repetirán el ciclo con otra pareja. Numerosas fuentes coinciden en que el sesenta por ciento de los que vuelvan a casarse experimentarán un segundo divorcio y volverán a ser solteros, a menos que aprendan la verdadera naturaleza del amor y pasen con éxito de la primera etapa a la segunda.

Segunda etapa: Amor de pacto

La segunda etapa es la que prefiero llamar amor de «pacto». Difiere mucho a la primera etapa, que a veces llamo amor «apasionado» u «obsesivo». No quiero decir que el amor de pacto no sea apasionado, sino que en el amor de pacto, la pasión debe alimentarse y cultivarse. No continuará fluyendo solo porque permanezcamos en la relación. Es muy diferente a la primera etapa. La obsesión que teníamos el uno por el otro comienza a desvanecerse, y reconocemos que hay otras actividades importantes en la vida, además de buscarnos el uno al otro. Las ilusiones de la perfección se evaporan, y las palabras de tu mejor amigo vuelven a tu mente: «No me gusta cómo se enfada contigo», o recuerdas las palabras de tu hermano: «¡Pero ha estado casada tres veces!». Y ahora, en tu mente, comienzas a estar de acuerdo con tu amigo (o tu hermano). Te preguntas cómo pudiste haber estado tan ciego a estas realidades.

Las diferencias de personalidad, intereses y estilos de vida se vuelven muy obvias, cuando antes apenas las veías. La euforia que te llevó a poner al otro en primer lugar y a enfocarte en el bienestar de ambos se ha disipado ahora, así que comienzas a centrarte en ti mismo y te das cuenta de que tu amante ya no satisface tus necesidades. Entonces, comienzas a pedir y luego a exigir de la persona, y cuando se niega a satisfacer tus demandas, te retraes o atacas con furia. Tu enojo o retraimiento aleja a tu amante, y hace que les sea más difícil expresarse su amor.

¿Puede renacer una relación tan dañada? La respuesta es sí. En cambio, solo si la pareja llega a comprender la naturaleza del amor y aprende a cómo expresarlo en un lenguaje que lo pueda recibir la otra persona.

Terminó la etapa obsesiva. Puede que la pareja tenga un noviazgo o esté casada, pero debe pasar a la siguiente etapa, o terminará la relación romántica.

El amor de pacto es un amor consciente. Es amor intencional. Es un compromiso para amar pase lo que pase. Requiere pensamiento y acción. No esperas el estímulo de emociones afectuosas, sino que decides buscar el interés del otro, pues estás comprometido con su bienestar.

Nuestro comportamiento afectará las emociones de nuestra pareja. Es más, si aprendemos a expresar amor en el lenguaje del amor de la otra persona, se sentirá amada. Y si esa persona nos corresponde hablando nuestro lenguaje del amor, satisfarán nuestra necesidad emocional de amor. Además, habremos hecho la transición de la euforia del amor apasionado a la confianza profunda y sólida del amor de pacto. Nos amamos, y nuestro amor perdurará porque *decidimos* cultivarlo al aprender cómo expresarlo de manera eficaz.

El amor de pacto es el que mantiene una relación a través de los años y lleva al esposo de cincuenta años a decir acerca de su esposa: «La amo de manera más profunda ahora que el día que nos casamos».

El amor de pacto requiere el conocimiento de la naturaleza del amor y de la voluntad de amar. La comprensión de los cinco lenguajes del amor te dará la información que necesitas para tener una relación exitosa de amor a largo plazo. Es de esperar que, al ver los beneficios del amor de pacto, también encuentres la voluntad de amar.

Así que aquí tienes la tesis de este libro, basada en años de experiencia en la oficina de consejería: Estoy convencido de que solo existen cinco lenguajes del amor fundamentales; cinco formas de expresar amor de manera emocional. En los siguientes capítulos, analizaremos todos estos lenguajes. De los cinco lenguajes del amor, cada uno de nosotros tiene un lenguaje primario. Uno de los cinco nos habla de forma más profunda en lo emocional que los otros cuatro. Podemos recibir amor a través de los cinco, pero si no recibimos nuestro lenguaje primario del amor, no nos sentiremos amados aunque la persona hable los otros cuatro. No obstante, si habla nuestro lenguaje primario del amor lo suficiente, los otros cuatro proporcionan la guinda del pastel.

EL LENGUAJE ADECUADO

El problema es que, por naturaleza, tendemos a hablar nuestro propio lenguaje del amor. Es decir, les expresamos amor a los demás en un lenguaje que nos haría sentir amados. Entonces, si ese no es su lenguaje primario del amor, no significará para ellos lo mismo que para nosotros.

Por eso es que miles de parejas se sienten frustradas. Sam, un soltero divorciado, dijo sobre la mujer con la que está saliendo: «No la entiendo. Dice que siente que no la amo. ¿Cómo no podría sentirse amada? Todos los días le digo que la amo. También la elogio cada día. Le digo lo bonita que es. ¿Cómo no podría sentirse amada?».

El problema es que su lenguaje del amor es actos de servicio, no palabras de afirmación. Está pensando: *Si me amara, haría algo para ayudarme. Cuando viene, se sienta mirando su teléfono mientras yo limpio o saco mis compras. Nunca me ayuda con nada. Estoy harta de sus palabras «Te amo. Te amo». Las palabras se dicen con facilidad. Si de veras me amara, haría algo*. Este escenario se repite en miles de relaciones. Cada persona habla su propio lenguaje y no entiende por qué el otro no se siente amado. Si queremos que la otra persona se sienta amada, debemos descubrir y aprender a hablar su lenguaje primario del amor.

Muchas relaciones de noviazgo se vuelven problemáticas, en especial si el noviazgo va más allá de la etapa obsesiva de los dos años del amor apasionado. A menudo estas parejas rompen y se van por diferentes caminos, no porque no fueran buenas para el matrimonio, sino porque perdieron el amor emocional que sentían el uno por el otro. Con frecuencia, esto podría haberse remediado si hubieran descubierto el lenguaje primario del amor del otro y hubieran aprendido a hablarlo.

EL AMOR A TUS PADRES, AMIGOS, COMPAÑEROS DE TRABAJO...

Hasta ahora, en este capítulo analicé la relación hombre-mujer y me centré en el aspecto del noviazgo; sin embargo, los cinco lenguajes del amor se aplican a todas las relaciones humanas. Algunos adultos solteros (y casados) no se sienten amados por sus padres, no porque sus padres no los amaran, sino porque sus padres nunca aprendieron a hablar su lenguaje primario del amor. Algunos adultos solteros (y casados) no han tenido éxito en sus ambiciones vocacionales, no porque carezcan de habilidades para realizar su trabajo, sino porque nunca han aprendido a expresar su agradecimiento a quienes trabajan a su lado y para ellos. Por consiguiente, las relaciones se vuelven tensas y la productividad se ve obstaculizada, lo que a menudo los lleva a buscar otro empleo o que se les pida que lo busquen. Otros se sienten frustrados por las amistades a largo plazo en las que ellos o sus amigos se sienten poco amados o menospreciados, y luchan por comprenderse mejor entre sí.

Muchas relaciones de noviazgo se vuelven problemáticas, en especial si el noviazgo va más allá de la etapa obsesiva de los dos años del amor apasionado.

Aprender a hablar amor y aprecio en un lenguaje que la otra persona pueda recibir es la clave para mejorar todas las relaciones humanas. Puedo asegurarte que si lees los siguientes capítulos y aplicas los principios de los cinco lenguajes del amor, te volverás más eficiente en todas tus relaciones. Los principios en el resto de este libro son las mismas verdades que les he dicho a cientos de personas en mi oficina de consejería. Tengo todos los motivos para creer que los principios serán tan eficaces para ti como lo fueron para ellos.

Los siguientes cinco capítulos proporcionarán una mirada en profundidad a cada uno de los cinco lenguajes del amor. Lee cada uno teniéndote en mente a ti y a las personas en tu vida.

ASUNTOS A TENER EN CUENTA

1. *¿Cuál de tus relaciones consideras saludable?*
2. *¿En cuál de tus relaciones te gustaría ver mejoras?*
3. *¿Cómo describirías tu relación con tu madre? ¿Con tu padre?*
4. *En las relaciones de noviazgo, ¿cuántas veces has experimentado la primera etapa: Amor apasionado?*
5. *¿Fuiste capaz de hacer la transición a la segunda etapa: Amor de pacto? Sí o no, ¿por qué?*
6. *¿Estás dispuesto a invertir tiempo en aprender a hablar los cinco lenguajes del amor?*

PALABRAS DE AFIRMACIÓN

3

PRIMER LENGUAJE DEL AMOR:

Palabras de afirmación

Las palabras tienen poder.

Piensa en tus días de escuela. Tal vez se burlaran de ti y todavía recuerdes las palabras hirientes después de todos estos años. O a lo mejor el aliento de un maestro siempre lo guardas contigo. Lo lamentable es que algunos niños crecen en un «entorno lingüístico negativo» y escuchan palabras de crítica o condenatorias. Otros son bendecidos con un ambiente positivo donde escuchan palabras alegres, risueñas y de apoyo. Los niños que crecen en estos entornos contrastantes escucharán vocabularios diferentes por completo que darán lugar a personalidades y patrones de comportamiento distintos en gran medida. El antiguo proverbio hebreo no exageraba el impacto de las palabras: «En la lengua hay poder de vida y muerte»[1].

Dado que las palabras tienen un poder tan influyente, es comprensible que las palabras de afirmación sean uno de los cinco lenguajes fundamentales del amor. Es probable que los adultos solteros que crecieran en un ambiente lingüístico negativo tengan mayor dificultad para aprender a expresar palabras de afirmación. Para algunos, significará aprender un vocabulario nuevo del todo, mientras procuran eliminar las palabras negativas que fluyen con tanta libertad de sus bocas. También implicará aprender a escuchar, a escuchar de veras, las palabras de afirmación de los demás.

Entonces, ¿cómo podemos desarrollar mejor este lenguaje?

Para algunos solteros, esta ya es su lengua materna. Crecieron en un ambiente lingüístico positivo, escuchando muchas palabras de afirmación desde su más tierna infancia. Les resultará bastante fácil hablar este lenguaje porque lo han practicado durante muchos años. Estas son las personas que se conocen en su círculo social como animadoras. Están siempre afirmando, alentando y expresando palabras de agradecimiento a los demás.

Para otros, las palabras de afirmación serán un lenguaje desconocido. Nunca aprendieron a recibir ni hablar tales palabras. Toma a Brian, por ejemplo.

Lo conocí en una conferencia de solteros hace unos años. Era un joven alto y apuesto. Se trataba del tipo de chico que las chicas notaban y del que hablaban con sus amigas más tarde en la noche. Sin embargo, descubrí que Brian no había tenido mucho éxito con las chicas en el pasado. Es más, por eso es que pidió hablar conmigo.

BRIAN: HÉROE DE FÚTBOL, FRACASO EN LAS RELACIONES

Jugó al fútbol tanto en el instituto como en la universidad, y había logrado lo suficiente como para que todo se le hubiera ido con facilidad a la cabeza, pero nada de eso le parecía muy importante a Brian.

—¿Qué se necesita para jugar al fútbol? —se preguntó. Después, procedió a responder su propia pregunta—. Un cuerpo fuerte, cerebro y mucho trabajo duro. Sin embargo, lo que me molesta son las "relaciones". Esto es mucho más difícil que cualquier cosa que haya experimentado alguna vez jugando al fútbol.

Luego, con una mirada triste, dijo:

—Me estoy haciendo mayor. Me va bien en mi carrera. Aun así, quiero casarme, tener una familia. A esta altura, en cambio, ni siquiera tengo novia. He salido en citas y he probado sitios en línea, pero nunca llegan a ninguna parte.

Podría decir que Brian estaba perplejo y serio.

—¿Cuál es el período más largo en el que saliste con una chica? —comencé preguntando.

—Alrededor de cuatro meses —respondió.

—Por lo general, ¿las chicas terminan la relación o eres tú el que la rompes? —le pregunté.

—Casi siempre son las chicas —me dijo—. Una o dos veces tuve citas con personas que no me interesaban, así que no las invité de nuevo.

—¿Alguna de las chicas te dijo por qué no quería salir contigo?

—Bueno, una con la que salí tres meses dijo que no creía que tuviéramos mucho en común, y la otra chica dijo que no creía que fuéramos compatibles, lo que sea que eso signifique —y después agregó—: No lo sé. Creo que tiene algo que ver con el hecho de que no soy muy buen conversador.

«No sé cómo hablar acerca de **nosotros***»*

—No quiero decir que no pueda hablar. En realidad, hablo mucho. Como quiera, se trata de mi trabajo o mi familia, o de su trabajo y su familia. Es como si no supiera cómo hablar de nosotros. Cuando se vuelve personal, no sé qué decir.

Sentí que Brian iba por el buen camino, así que le pregunté qué tipo de relación tuvo con su padre cuando era pequeño.

—Muy tensa —dijo después de pensarlo por un momento—. Mi padre tenía un problema con el alcohol. Casi nunca iba a ninguno de mis juegos en el instituto ni en la universidad. Cuando lo hacía, era muy crítico con la forma en que jugaba. Nunca olvidaré lo que dijo la única vez que vino a verme jugar fútbol en la universidad. Me dijo: "Nunca llegarás a los profesionales jugando así".

»Recuerdo lo mal que me sentí. Salí y me emborraché esa noche, y traté de no pensar en lo que me dijo mi padre, pero jamás he sido capaz de alejarme de esas palabras. Es probable que por eso nunca volviera a pensar en serio en jugar al fútbol profesional.

—Cuando eras pequeño, ¿tu padre también fue crítico? —le pregunté.

—Sí, en especial cuando él bebía —dijo Brian—. Nada estaba bien cuando bebía. Nos criticaba a mí y a mi mamá.

—¿Y qué me dices de tu madre? —le pregunté—. ¿Qué tipo de relación tienes con ella?

—Mamá estaba muy deprimida —dijo—. Su vida era difícil. No teníamos una relación muy estrecha, sobre todo cuando llegué a la adolescencia. Se preocupaba más o menos de mis deberes escolares y de que llegara a casa a tiempo. Recuerdo que en el instituto siempre me decía que no debía permitir que el fútbol interfiriera en mis estudios.

Un hogar de palabras desalentadoras

Era evidente que Brian creció en un ambiente lingüístico negativo. La mayoría de las cosas que escuchó de sus padres fueron palabras críticas o desalentadoras.

—Cuando salías con Carmen y Amelia, ¿qué atractivo encontraste en ellas? —le dije, entonces.

—Ah, bueno, ambas eran guapas —dijo—. Carmen era muy divertida; Amelia era más tranquila, pero dulce de veras. Era una cristiana fuerte, y eso me gustó. También me agradaba su familia; su mamá y su papá tenían un buen matrimonio y, al parecer, les caía bien. A Carmen le gustaba ir al cine y montar en bicicleta. Yo nunca había montado en bicicleta, pero era muy emocionante. Salimos un par de veces por todo un día. Ambas chicas eran graduadas universitarias e inteligentes. Me gustaba eso de las dos.

—¿Recuerdas alguna vez que felicitaste a las chicas por la forma en que estaban vestidas? ¿Les dijiste: "Te ves bien hoy"?

—No, no lo creo.

—¿Alguna vez recuerdas haberle hecho una declaración a Carmen similar a esta: "Elegiste muy bien esa película. La disfruté mucho"?

—Creo que ella sabía que me gustaban las películas —dijo.

Para mí era obvio, pero para Brian no era obvio que nunca hubiera aprendido a hablar el lenguaje del amor conocido como palabras de afirmación.

No estaba seguro de poder comunicarle a Brian en una conversación lo que veía, pero hice el intento:

—Brian, espero poder decirte lo que estoy sintiendo, pues creo que te ayudará en futuras relaciones. Creciste en un ambiente hogareño donde no recibiste muchas palabras de afirmación. Es más, lo que recibiste sobre todo fueron palabras críticas y condenatorias. Todavía recuerdas algunas de esas palabras, incluso de adulto, porque duelen mucho. No significa que tus padres fueran malas personas ni que no te amaran. En cambio, significa que no siempre sentiste su amor.

Noté que los ojos de Brian se humedecían, y supe que escuchaba lo que le decía de manera emocional. Sin embargo, yo no estaba listo para su próxima declaración. Ahora, las lágrimas fluían libremente.

—Supongo que a todo hombre le gustaría escuchar a su padre decir que está orgulloso de él —dijo—. Nunca escuché eso y nunca lo sentí de mi padre. Es más, nunca recuerdo haber escuchado a mi padre pronunciar las palabras "Te amo". Sin embargo, ya soy adulto. No debería permitir que eso me afecte. No puedo hacer nada al respecto.

—Todos queremos sentirnos amados y apreciados por nuestros padres —le respondí—. Una de las formas en que sentimos amor es al escuchar palabras de afirmación. En cambio, lo que escuchaste en su lugar fueron palabras de crítica que causaron daño en vez de ayuda. Creo que hay algo que se puede hacer para corregir el pasado. Aun así, primero quiero centrarme en tu relación con las chicas, y lo que voy a decirte quizá te haga llorar incluso más de lo que has llorado. Creo que una de las razones por las que has tenido dificultades en las relaciones es que, debido a que nunca escuchaste el lenguaje del amor llamado palabras de afirmación, no sabes cómo decírselas a los demás.

»Me dijiste que no recordabas haberle dicho a Carmen ni a Amelia: "Te ves bien con esa ropa". No recuerdas haberle dicho a Carmen: "Elegiste muy bien esa película. La disfruté mucho". En realidad, dijiste que cuando se trataba de cosas personales, no sabías cómo "hablar de nosotros", lo que me lleva a creer que tienes habilidades maravillosas para hablar de otras cosas tales como el clima y los deportes, pero nunca has aprendido la manera de expresar palabras de afirmación a nivel personal.

»A las mujeres les gusta que las afirmen verbalmente, al igual que les gusta a los hombres. Tienden a alejarse de las parejas de citas que no dan afirmación. La falta de afirmación verbal se interpreta como falta de amor.

El descubrimiento de Brian

Brian ya no lloraba.

—¿Cómo podría haberme perdido esto? Tiene razón; no afirmo a las personas. Es más, a menudo soy crítico. Hubo varias veces con Amelia y Carmen en las que mencioné aspectos en los que pensé que debían cambiar. Ahora me doy cuenta de que las criticaba al igual que mi padre lo hacía conmigo. ¿Por qué no vi esto?

Estoy seguro de que Brian nunca anticipó que nuestra conversación nos llevaría a tales profundidades, pero ahora estábamos allí y no había vuelta atrás.

—Brian —le dije entonces—, hay esperanza. Eso es lo maravilloso del ser humano. Podemos cambiar nuestro futuro. No necesitamos estar esclavizados a las experiencias del pasado. Podemos aprender a amar incluso cuando no hemos recibido amor.

Es más, aprender a amar a otros es la forma más rápida de recibir amor.

EL PRIMER PASO: AMA A LOS DEMÁS

La fe cristiana de Brian era importante para él, así que le recordé las palabras de Jesús. «Den, y se les dará»[2]. También le recordé que las Escrituras dicen: «Nosotros le amamos a él, porque él nos amó primero»[3].

—El mismo principio es cierto en las relaciones humanas —le dije—. Si queremos ser amados, y todos lo queremos, el primer paso es expresarles amor a los demás.

—¿Puede ayudarme? —me preguntó Brian.

Abre el cuaderno

Comenzamos hablando más sobre su mamá y su papá. Su padre había estado sobrio durante los últimos años, pero de vez en cuando tenía «recaídas», dijo Brian. Debido a un nuevo trabajo, Brian veía a sus padres una vez cada tres meses, y conversaban o se enviaban mensajes de texto cada semana.

—Está bien —le dije—. El primer principio es: *Comienza donde estás.*

Brian sacó un cuaderno y escribió: «Comienza donde estás». Podría decir que estaba listo para aprender.

—Déjame describir dónde creo que estás. Este es un resumen de lo que hablamos esta mañana. Ahora eres un adulto, un adulto que nunca recuerda haber escuchado a su padre pronunciar las palabras "Te quiero. Estoy orgulloso de ti, hijo", y un adulto que tiene pocos recuerdos de su madre haciendo comentarios positivos. ¿Es eso cierto?

Brian asintió.

—A través de los años has tratado de sacar el daño de tu corazón y decir que no importó, pero por nuestra conversación es obvio que sí importa.

»El segundo principio es: *Sé activo, no pasivo.*

Brian escribió de nuevo.

—Hasta ahora, tu enfoque ha sido pasivo. Has sufrido en silencio. A partir de hoy, quiero animarte a que actúes. La decisión de amar es la de tomar la iniciativa. Es la opción de hacer o decir algo en beneficio de la otra persona, algo que la ayudaría a ser una mejor persona, algo que enriquecería su vida o le haría la vida más significativa.

Afirma a tus padres

—Una forma de expresar amor es mediante palabras de afirmación, lo que nos lleva al tercer principio: *Elige una estrategia para amar o expresar amor*. Aquí tienes la estrategia que quiero sugerirte. La próxima vez que llames a casa, cuando termines la conversación con tu mamá o tu papá, finalízala diciendo: "Te quiero, mamá" o "Te quiero, papá". ¿De acuerdo? Su respuesta no importa. Lo importante es que tomes la iniciativa de expresarles palabras de afirmación, y tu estrategia es usar el teléfono para hacerlo.

»Después de hacer esto la primera vez, será más fácil repetirlo la segunda vez y la tercera. Durante los próximos tres meses, quiero alentarte a que termines cada conversación telefónica con tus amistades con las palabras "Te quiero". Al final de los tres meses, quiero que agregues otra declaración. Después de "Te quiero, papá", desearía que agregaras las palabras "Aprecio lo que has hecho por mí a través de los años" y utiliza la misma declaración con tu madre. Usa estas declaraciones para los segundos tres meses.

»¿Esto parece algo que podrías hacer?

—Creo que sí —dijo Brian—. Me imagino que la primera vez será la más difícil.

—Ahora, déjame asegurarme de que estamos de acuerdo. ¿Son ciertas estas dos afirmaciones? "Te quiero, mamá" y "Te quiero, papá". Recuerda, el amor es la actitud que desea cosas buenas para la otra persona. ¿Deseas la mejor vida posible para tu mamá y tu papá por el resto de sus años?

—Sí —dijo Brian.

—Entonces, "Te quiero" es una declaración verdadera.

Brian asintió.

—Así que lo que te pido es que les expreses la verdad a tus padres. Las palabras de afirmación son simples declaraciones ciertas que afirman el valor de la otra persona.

»Si intentas esto, casi puedo garantizarte que antes de que pasen seis meses, tus padres comenzarán también a darte palabras de afirmación. No lo haces para obtener su afirmación; lo haces porque decides amarlos. Sin embargo, el hecho es que el amor estimula al amor y eliges tomar la iniciativa en lugar de esperar a que sean ellos los que tomen la iniciativa.

Comienza el trabajo

—Está bien —dijo Brian—, puedo hacerlo. En cambio, ¿cómo me va a ayudar esto en mis relaciones de pareja?

—Es un primer paso —le dije—. Si puedes aprender a darles amor a tus padres mediante palabras de afirmación, puedes aprender a dárselo a las chicas con las que salgas. Aun así, ese no es el siguiente paso. En este momento no tienes novia, de modo que quiero que apliques este principio en tus relaciones vocacionales. Tú interactúas con personas en tu trabajo. ¿Cierto? Luego, quiero que establezcas el objetivo de dar una afirmación verbal a alguien con quien trabajas al menos una vez a la semana durante los próximos tres meses.

Le entregué a Brian una lista de las clases de cosas que podía decir. Estas incluían lo siguiente:

- «Gracias por responder esa llamada telefónica. En realidad, no tenía tiempo para hablar con esa persona, y te fue bien».
- «Siempre tienes una actitud muy positiva. Lo aprecio de veras».
- «Hiciste un gran trabajo con esto. Gracias».

- «El jefe me dijo lo que hiciste. Gracias por hacerme quedar bien».
- «Cuando haces cosas, siempre las haces bien. En realidad, aprecio eso de ti».

—Está bien, ¿pero y las citas? —dijo Brian sonriendo.

—De acuerdo —le dije—, en otra página de tu cuaderno de notas, quiero que comiences a escribir los tipos de declaraciones que podrías hacerle a una chica con la que sales, declaraciones que afirmarían su valía. Puede que incluso pienses en las personas con las que saliste en el pasado y te preguntes: "¿Qué podría haberles dicho que hubiera sido afirmativo?".

»Volvamos a lo que hablamos esta mañana, a declaraciones como: "Te ves bien con esa ropa", y "Elegiste muy bien esa película. La disfruté mucho".

Brian comenzó a escribir de nuevo.

—Ahora bien, ¿qué más podrías haberle dicho a Carmen?

Hubo una larga pausa, y luego Brian dijo:

—Podría haberle dicho: "Tus ojos son hermosos".

—Entonces, agrégalo a tu lista de afirmaciones: "Tus ojos son hermosos. Brillan mucho".

—Vaya, eso está pasando a ser muy personal. No sé si podré hacerlo.

—Bueno, no te lo sugiero para la primera cita, Brian, pero en algún momento las citas se vuelven personales.

—Lo sé —dijo—, y ese es mi problema.

—Y estás aprendiendo a cómo superar tu problema. Para cuando tengas otra novia, habrás tenido seis meses de experiencia con tus padres y tres meses de experiencia con personas en tu trabajo. Puedo asegurarte que podrás decirlo cuando llegue el momento.

Seguimos añadiendo frases a nuestra lista. Incluía las siguientes:

- «Gracias por permitirme llevarte a salir esta noche. Disfruté de veras el tiempo que pasamos juntos».
- «Estás en mejor forma que yo. Tendré que practicar más antes de volver a montar en bicicleta contigo».
- «Ese fue un gran restaurante. ¡Gracias por recomendarlo!».

No estaba seguro de qué haría Brian con su cuaderno, pero sabía que tenía un plan para mejorar sus relaciones con las mujeres. Me alegré cuando lo vi un año después en otra conferencia de solteros. Con gran emoción, me presentó a su novia, Raquel. «Ya hace cinco meses que somos novios», dijo, «y Raquel es la mejor».

BRIAN Y SUS PADRES

Su mamá

Más tarde, en una conversación privada, Brian contó sus experiencias con su mamá y su papá. La primera vez que le dijo a su madre las palabras «Te quiero» al final de una conversación telefónica, esta le respondió: «Yo también te quiero».

«No podía creer lo que oía», me dijo Brian. «Pensé que pasarían dos meses antes de que me dijera algo positivo. Después de eso, cada vez que le decía "Te quiero", me respondía: "Yo también te quiero". Las cosas iban tan bien que avancé en el calendario y después de dos meses le dije: "Te quiero, y de veras aprecio todo lo que has hecho por mí a lo largo de los años", a lo que me respondió: "Brian, desearía haber hecho mucho más por ti. Estaba tan deprimida en tus primeros años que temo que no te prestara la atención que necesitabas".

»Después de eso, comencé a pensar, ¿qué hizo mamá por mí y qué cosas agradezco? Así que me hice una lista, y al final de cada conversación telefónica, le contaba una cosa que recordaba que ella hizo por mí y lo mucho que lo agradecí. Antes de que terminaran los seis meses, mamá y yo estábamos teniendo buenas conversaciones. Ella me pidió que la perdonara por no ser una mejor mamá, y le aseguré que hizo muchas cosas que aprecié de veras».

Su papá

La historia de su relación con su padre fue algo diferente. La primera vez que Brian dijo las palabras «Te quiero», su padre respondió: «¿Qué?», a lo que Brian respondió: «Te quiero, papá».

«Ah, está bien», le dijo.

La segunda vez que Brian habló con su padre fue unas tres semanas más tarde. Al final de su conversación telefónica, le repitió «Te quiero», y su padre le dijo: «Sí, está bien...».

Brian hablaba con su madre con más frecuencia que con su padre, pues casi siempre era la que contestaba el teléfono. Así que fue unos tres meses después cuando el padre de Brian por fin le dijo: «Yo también te quiero».

«Fue como una ola de emoción que se apoderó de mí cuando colgué el teléfono», me dijo Brian. «En mi mente, sabía que mi padre me amaba, pero nunca lo había escuchado decir las palabras. Eso fue increíble.

»Después de eso, cada vez que le decía: "Te quiero", papá me respondía: "Yo también te quiero". Cuando agregué las palabras "Aprecio todo lo que has hecho por mí a través de los años", mi padre me dijo: "Bueno, no fue lo suficiente".

»"Pero quiero que sepas que aprecio lo que hiciste, papá, y yo te quiero"».

«Yo también te quiero», respondió su padre.

Brian me explicó cómo comenzó a decirle a su padre cuánto apreciaba las cosas específicas que había hecho por él.

«Después de un tiempo, papá me dijo que lamentaba no haber asistido a más de mis partidos de fútbol y estar más involucrado en mi vida. Dijo que estaba aprendiendo sobre el perdón en la iglesia y me pidió que lo perdonara. Mi respuesta inmediata fue: "Claro, papá, tú sabes que te perdono"».

Un fin de semana cuando estaba en la casa de sus padres, Brian le dijo a su padre: «Papá, estoy orgulloso de cómo vas a la iglesia y aprendes cosas acerca de Dios y la vida. Estoy muy orgulloso de ti por eso».

«Hijo, estoy orgulloso de ti. No podría imaginar tener un hijo mejor que tú».

Brian extendió la mano y abrazó a su padre, quien luego abrazó a Brian.

«No sé si había lágrimas en los ojos de mi papá, pero de seguro que había lágrimas en los míos. Nuestra relación ha sido diferente desde entonces.

»Aprecio el tiempo que pasó conmigo el año pasado», me dijo Brian. «No tenía idea de que marcaría una gran diferencia en mi vida. Voy despacio con Raquel, pero puedo asegurarle que le estoy expresando palabras de afirmación. ¿Quiere ver mi cuaderno?». Asentí.

Lo abrió y me mostró cuatro páginas de declaraciones afirmativas que le dijo a Raquel. Brian había aprendido a expresar palabras de afirmación.

HABLEMOS LOS DIFERENTES DIALECTOS DE LAS PALABRAS DE AFIRMACIÓN

Palabras de aliento

Las palabras de afirmación es uno de los cinco lenguajes básicos del amor. Dentro de ese lenguaje, sin embargo, hay muchos dialectos. En mi tiempo con Brian, nos enfocamos sobre todo en las *palabras de apreciación*: expresar nuestra sincera gratitud por algún acto de servicio prestado. No obstante, también hay palabras de aliento. La palabra *alentar* significa «inspirar valentía». Todos tenemos aspectos en los que nos sentimos inseguros. Nos falta valentía, y esta carencia a menudo nos impide lograr las cosas positivas que nos gustaría hacer.

El potencial latente dentro de un compañero de trabajo o compañero de cuarto puede que esté a la espera de tus palabras de aliento. Tal vez alguien en tu círculo de amistades haya expresado interés en aprender a ser actor o actriz. Si te parece que tienen potencial (y casi todos lo tenemos), ¿por qué no alentarlos a explorar su deseo? Diles que puedes «verlos haciendo eso». Si no tienen experiencia, anímalos para que asistan a una clase en una universidad de la ciudad. Si han tenido alguna experiencia, aliéntalos a una audición para el teatro local de la comunidad. Muchas nobles empresas esperan el estímulo de un amigo.

Un amigo te dice: «Tengo que perder peso». ¿Cuál es tu respuesta? ¿Le restarás importancia al decirle: «Todos necesitamos perder peso»? ¿Desanimarás a tu amigo diciendo: «Esa es una de las cosas más difíciles del mundo», o «Incluso si pierdes peso, es probable que lo vuelvas a recuperar»? ¿O le darás a la persona palabras de aliento como: «Si decides hacerlo, sé que tendrás éxito porque eres el tipo de persona que logra sus objetivos»?

Palabras de elogio

Luego está el *dialecto del elogio*: el reconocimiento del logro de alguien. En mayor o menor grado, todos somos triunfadores. Nos fijamos objetivos para lograr cosas. Cuando las cumplimos, nos gusta que nos reconozcan. Hollywood tiene sus Óscar. El mundo de la música tiene sus premios *Grammy*, *Dove* y de música *country*. Los eventos deportivos tienen sus trofeos y las empresas otorgan placas. En las relaciones personales, las palabras de elogio satisfacen la necesidad de reconocimiento.

De vez en cuando, todos necesitamos que alguien nos dé una palmadita en el hombro y diga: «Vaya, lo hiciste genial. En realidad, me gusta eso. Hiciste un excelente trabajo». Piensa en lo que sucedería en el mundo si todos comenzáramos a elogiarnos por los logros en lugar de señalarnos lo que estuvo mal.

El mundo está lleno de personas dignas de elogio. La madre soltera que trabaja para mantener a su familia y educar a sus hijos merece los más altos elogios. El amigo que trabaja a través del dolor del divorcio y sale con una actitud positiva creyendo en el futuro merece elogios. El compañero de trabajo que lucha contra el cáncer mientras usa sus energías para ayudar a los demás es digno de un equipo completo de elogio. El chico de la iglesia que invierte tiempo y energía en instruir a niños desfavorecidos merece una palmadita en la espalda. A nuestro alrededor, hay personas que cada día usan sus energías para el beneficio de los demás. Estas personas necesitan escuchar palabras de elogio.

Muchas nobles empresas esperan el estímulo de un amigo.

Palabras amables

Otro dialecto de palabras de afirmación son las *palabras amables*. Esto no solo tiene que ver con lo que decimos, sino con la manera en que lo decimos. La misma oración puede tener dos significados diferentes, según como lo digas. La frase «Te quiero», cuando se dice con amabilidad y ternura, puede ser una expresión genuina de amor. Entonces, y qué me dices de la declaración: «¿Yo... te quiero?». El signo de interrogación cambia todo el significado de esas tres palabras.

A veces, nuestras palabras dicen una cosa, pero nuestro tono de voz dice otra. Enviamos mensajes dobles. La gente suele interpretar nuestro mensaje en función de nuestro tono de voz, no de las palabras que usamos.

Cuando tu compañero de cuarto dice en un tono apático: «Claro, me encantaría ir a correr contigo en el camino del lago esta noche», no se recibiría como una expresión de amor. Por otro lado, podemos expresar el dolor y hasta el enojo de una manera amable, y eso sería una expresión de amor. «Me sentí decepcionado de que no me ofrecieras tu ayuda esta tarde», dicha con sinceridad y sin enojo, puede ser una expresión de amor. La persona que habla quiere que le conozca la otra persona y toma medidas para forjar autenticidad en su relación. Las mismas palabras expresadas con una voz fuerte y áspera no serán una expresión de amor, sino una de condena y juicio.

La manera en que hablamos es de suma importancia. Un sabio antiguo dijo una vez: «La respuesta amable calma el enojo»[4]. Si decides ser amoroso cuando tu compañero de trabajo está enojado y diga palabras duras, no le corresponderás con mayor dureza, sino con una voz suave. Recibirás lo que te dice como información sobre sus sentimientos emocionales. Dejarás que te cuente sobre su dolor, enojo y percepción de los acontecimientos. Intentarás ponerte en su lugar y ver el hecho a través de sus ojos y, luego, expresar con suavidad y amabilidad tu comprensión de por qué se siente de esa manera. Si lo perjudicaste, estarás dispuesto a confesar el error y pedirle perdón. Si tu percepción es diferente a la suya, podrás explicar tu punto de vista con amabilidad. Buscarás la comprensión y la reconciliación, y no tratarás de demostrar que tu propia percepción es la única forma lógica de interpretar lo sucedido. Eso es amor maduro. El amor maduro habla con amabilidad.

De vez en cuando, todos necesitamos que alguien nos dé una palmadita en el hombro y diga: «Vaya, lo hiciste genial».

ACERCA DEL PERDÓN

Procesar el dolor y el enojo de una manera positiva es esencial si queremos hablar palabras de afirmación. Por lo general, nuestras palabras son un desbordamiento de lo que sucede en nuestros corazones. Si no hemos lidiado de forma exitosa con el dolor y el enojo, es probable que salgamos peleando, y nuestras palabras serán destructivas en lugar de amorosas.

Nadie es perfecto. No siempre hacemos lo mejor ni lo adecuado. A veces les hacemos o decimos cosas hirientes a quienes nos rodean. No podemos borrar el pasado; solo podemos confesarlo y aceptar que estuvo mal. Podemos pedir perdón e intentar actuar de manera diferente en el futuro. Una vez que confieso mi fracaso y pido perdón, puedo buscar la posibilidad de la restitución. Una pregunta amorosa es: «¿Puedo hacer algo que compense el dolor que te causé?».

Cuando me hacen mal y la persona lo confiesa y pide perdón, tengo la opción de perdonar o exigir justicia. Si elijo la justicia y trato de devolverle a la persona lo que me hizo, me convierto en juez y la otra persona en delincuente. En cambio, si elijo perdonar, la reconciliación se convierte en una posibilidad.

Muchas personas arruinan cada nuevo día con lo que sucedió ayer. Insisten en traer hoy las fallas de ayer y, al hacerlo, contaminan un día maravilloso en potencia. Cuando a la amargura, al resentimiento y a la venganza se les permiten vivir en el corazón humano, las palabras de afirmación serán imposibles de expresar. Lo mejor que podemos hacer con los errores pasados es dejar que sean historia.

Sí, sucedió. De seguro que duele. Quizá duela todavía. Con todo, o bien la persona reconoce su fracaso y decido perdonarla, o ella persiste en el comportamiento equivocado y elijo entregársela a Dios, sabiendo que Él es un Dios de justicia, así como también de misericordia. Me niego a permitir que el comportamiento del otro destruya mi vida hoy.

Liberar a la persona no es perdonar. El perdón es una respuesta a la confesión. Es más bien una liberación de mi dolor y mi enojo, a fin de que no me consuman más. Es decidir amar a la persona a pesar del daño que me causó. No restaura la relación, pero me permite vivir la vida en paz y amor hacia los demás.

Si uno desea amar, debe analizar con sumo cuidado las palabras que usa cuando habla con compañeros de trabajo, vecinos, personas significativas, amigos cercanos, padres, excónyuges, compañeros de cuarto y los dependientes en la tienda local. Lo que digo, y la forma en que lo digo, influirán en el clima de mis relaciones. Las palabras de afirmación mejoran las relaciones. Las palabras duras y condenatorias destruyen las relaciones.

Recuerda, el amor es una decisión. Decide amar a los demás.

ASUNTOS A TENER EN CUENTA

1. *¿Hasta qué punto recibiste palabras de afirmación de tus padres?*
2. *¿Te resulta fácil o difícil decirles palabras de afirmación a tus padres? ¿Por qué?*
3. *Si te resulta difícil, ¿es hora de que tomes la iniciativa de expresarles palabras de afirmación a tus padres?*
4. *¿Con qué libertad expresas palabras de afirmación en otras relaciones?*
5. *¿Hay alguna relación que te gustaría mejorar? ¿Crees que expresar palabras de afirmación sería significativo para esa persona?*

REGALOS

4

Segundo lenguaje del amor:

Regalos

Hace un tiempo, visité a una viuda que se acababa de mudar a un centro de vida asistida. Durante nuestra conversación, le pregunté cómo estaba disfrutando de su nuevo hogar.

—Es un poco pequeño —dijo—. Tuve que deshacerme de la mayoría de mis muebles.

»Los hijos no querían que trajera esa mecedora —dijo, señalando una silla en un rincón—. Pero Martín me la regaló. Así que no pude deshacerme de eso.

—¿Martín solía hacer regalos? —le pregunté.

—A la verdad que no —me dijo—. Es más, ese es uno de los pocos regalos que recuerdo que me hiciera. Cuando nació nuestro primer hijo, me compró esa mecedora. Mencioné que sería bueno tener una mecedora para amamantar al bebé, pero me sorprendió cuando una semana más tarde entró con la silla. Cuidé a nuestros dos bebés en esa silla. Supongo que es como tener un poco de Martín y los hijos todavía conmigo.

—Me alegro de que haya conservado la silla —le dije—. Espero que la mantenga para siempre.

Más tarde, cuando me marchaba, volví a mirar la mecedora y supe que veía un regalo que le había transmitido amor por más de cincuenta años. El regalo incluso le sobrevivió al dador.

REGALOS: UN LENGUAJE UNIVERSAL

Un regalo es un objeto tangible que dice: «Estaba pensando en ti. Quería que tuvieras esto. Te amo».

Mi formación académica es en antropología: el estudio de las culturas. Los antropólogos nunca han descubierto una cultura en la que dar regalos no sea una expresión de amor. Dar regalos es uno de los lenguajes universales y fundamentales del amor.

Algunos regalos solo duran unas horas. Muchas madres recordarán este regalo: un diente de león recogido del jardín y regalado por su hijo. El regalo desapareció pronto, pero el recuerdo se ha prolongado durante años. Otros regalos, como la mecedora, duran toda la vida. Lo importante no es el regalo, sino el amor emocional que se comunicó por el regalo. El regalo adecuado es cualquier objeto, grande o pequeño, que exprese este amor emocional.

¿Cuándo un regalo no es un regalo?

La palabra griega de la cual obtenemos nuestra palabra *regalo* en castellano es *caris*, que significa «gracia» o un regalo inmerecido. Por su propia naturaleza, un regalo no es el pago por los servicios prestados. Cuando alguien con quien sales dice: «Te daré (lo que sea), si tú...», no ofrece un regalo ni expresa amor. La persona solo llega a un acuerdo. Un regalo se entrega sin condiciones, o deja de ser un regalo.

Un regalo no es regalo cuando se da para zanjar dificultades. Algunas personas piensan que dar un regalo compensará las palabras duras que dijeron. A algunos hijos sus padres los instruyeron: «Cuando hagas algo mal, siempre consigue sus flores. A todas las mujeres les encantan las flores». Después de un tiempo, sin embargo, las chicas que reciben estas flores a menudo solo quieren arrojárselas a la cara. Un regalo es un regalo solo cuando se da como una expresión genuina de amor, no como un esfuerzo para cubrir los fracasos pasados.

Los regalos son símbolos visuales del amor. Durante la mayoría de las ceremonias de boda, la novia y el novio dan y reciben anillos. La persona que realiza la ceremonia dice: «Estos anillos son señales externas y visibles de un vínculo interior y espiritual que une sus corazones en un amor que no tiene fin».

En el original de *Los 5 lenguajes del amor*, destaqué la importancia de esas palabras que rodean los anillos de bodas:

> Eso no es una retórica sin sentido. Expresa con palabras una verdad significativa: los símbolos que tienen un valor emocional. Tal vez eso se demuestre de manera más gráfica cerca del final de un matrimonio que se desintegra, cuando el esposo o la esposa dejan de usar el anillo de bodas. Es una señal visual de que el matrimonio está en serias dificultades. Un esposo dijo: «Cuando me arrojó sus anillos de bodas y con gran enfado salió de la casa dando un portazo, supe que nuestro matrimonio estaba en serios problemas. No recogí sus anillos por dos días. Cuando al fin lo hice, no podía dejar de llorar»[1].

Los anillos solitarios despertaron emociones profundas en el esposo. Muchas personas divorciadas pueden identificarse con estas hondas emociones.

El regalo puede ser de cualquier tamaño, forma, color o precio. Puede comprarse, encontrarse o confeccionarse. Para el individuo cuyo lenguaje primario del amor es recibir regalos, el costo del regalo no importará en realidad. Si puedes permitírtelo, puedes comprar una hermosa tarjeta por menos de cinco dólares. De lo contrario, puedes hacer una que sea gratuita. Solo saca un papel de la papelera donde trabajas, dóblalo en el medio, toma unas tijeras, corta un corazón, escribe «Te amo» y firma con tu nombre. Los regalos no necesitan ser caros para que tengan un significado.

«PERO NO SOY ALGUIEN QUE DA REGALOS»

Entonces, ¿qué pasa con la persona que dice: «No soy alguien que da regalos. No recibí muchos regalos mientras crecía. Nunca aprendí a seleccionar regalos. No es algo natural para mí»? Felicitaciones, acabas de hacer el primer descubrimiento de convertirte en un gran amante de las personas. El amor requiere esfuerzo. El amor a menudo exige aprender un lenguaje que nunca has hablado. Por fortuna, regalar es uno de los lenguajes del amor más fáciles de aprender.

¿Dónde comienzas? Escucha a las personas que te importan. Descubre sus intereses o los de sus hijos.

Algunas personas son coleccionistas: recuerdos deportivos, discos de vinilo, tazas de café de viajes. Hace algún tiempo conocí a una señora que había coleccionado más de mil saleros y pimenteros. En su mayoría, se los regalaron amistades que sabían de su interés.

Carlos tenía una compañera que era madre soltera. Un día, le escuchó mencionar que su hijo de doce años coleccionaba tarjetas de béisbol. Le pidió que averiguara qué tarjetas le gustaría tener. En un viaje de negocios, Carlos descubrió una tienda de tarjetas cerca de su hotel. A los cinco minutos localizó una tarjeta de béisbol que tenía en su lista. Después de dársela a su compañera para que se la llevara a su hijo, dijo: «Uno pensaría que le acababa de dar un millón de dólares».

Requiere tiempo y la elección consciente de escuchar. Para la mayoría de nosotros, también se necesita hacer una lista de las ideas que escuchamos. De lo contrario, las olvidamos antes de encontrar el regalo.

A Nicole le resultaba difícil qué hacer para su padre cuando llegaba el Día de los Padres. Un amigo le preguntó a Nicole qué tipos de intereses comunes tenía con su padre. «Ambos amamos la música. Siempre quiere saber qué canciones nuevas estoy escuchando».

Nicole decidió hacer una lista de reproducción para su papá llena de canciones que le encantaban. Incluyó una nota larga con la lista de canciones y lo que cada canción significaba para ella. Después que su padre recibió la lista de reproducción, le dijo que la escucha todos los días durante su viaje y que le encanta cada canción. Ahora, para cada Día de los Padres, Nicole le da a su padre una nueva lista de reproducción. A él le fascina. Puede darle un vistazo al mundo de Nicole, y la música es algo que pueden disfrutar juntos.

Las personas hablan sobre lo que les interesa o las necesidades que tienen. Si comenzamos a escuchar con atención, conseguiremos todo tipo de pistas sobre lo que serían regalos apropiados para las personas que nos importan.

«No puedo aceptar esto»

En una relación de noviazgo, también debes ser sensible a la forma en que tu pareja responde a los regalos. Debido a su costo o significado percibidos, puede que la persona que amas no acepte con facilidad ciertos tipos de regalos. En una conferencia de solteros en las montañas de Carolina del Norte, Josué se me acercó después de una conferencia sobre los cinco lenguajes del amor con una pregunta desconcertante.

—Creo en los cinco lenguajes del amor, ¿pero qué pasa si tratas de hablar un lenguaje del amor y tu pareja no está dispuesta a aceptarlo? —preguntó.

—¿Podrías darme un ejemplo?

—Bueno, he estado saliendo con esta chica por tres meses. Estoy muy entusiasmado con ella. Samanta es la persona más increíble que he conocido. Quería que supiera cuánto me importaba, así que le compré un regalo bien caro. Sin embargo, cuando se lo di, me dijo: "No puedo aceptar esto, Josué. Lo lamento, pero no me siento bien al respecto". Me sentí terrible.

Si comenzamos a escuchar con atención, conseguiremos todo tipo de pistas sobre lo que serían regalos apropiados para las personas que nos importan.

Mientras escuchaba, pensé que sabía por qué le rechazó el regalo, pero no estaba seguro de que Josué estuviera preparado para escucharlo. Sin embargo, estaba dispuesto, así que continué.

—De acuerdo —le dije—, esta es mi suposición. Creo que ustedes dos tienen ideas diferentes sobre el nivel actual de su relación. Es obvio para mí que estás muy interesado en Samanta. Dijiste que es la chica más maravillosa que has conocido. El hecho de que le compres un regalo tan caro indica lo profundos que son tus sentimientos hacia ella.

Josué asintió con la cabeza. Entonces, continué:

—El problema es que Samanta ve la relación de manera diferente. Es obvio que tiene un interés en la relación o no estaría saliendo contigo, pero no tanto como lo tienes tú. En su mente, es demasiado pronto en la relación para recibir regalos tan caros. No quiere darte la impresión equivocada. No considera que la relación haya alcanzado el nivel en el que se sentiría cómoda al recibir tal regalo como una expresión de tu amor. Por lo tanto, debes aceptarlo y respetar sus deseos.

Josué se detuvo un momento.

—Tiene razón —dijo—. No quiero escuchar eso, pero creo que tiene razón. La quiero mucho y deseaba hacer algo de veras bueno para ella. Aun así, supongo que tendré que dedicarle más tiempo y espero que llegue a amarme tanto como yo la amo a ella.

Asentí con la cabeza.

—Seis meses a partir de ahora —le dije—, cuando llegue la Navidad, podrías tantear el terreno antes de comprar el regalo.

Podrías decir algo como esto: "Quiero hacer algo bien bonito para ti durante estas fiestas, pero no quiero sorprenderte. ¿Estarías dispuesta a aceptar _______________ (nombra el regalo) como una expresión de mi amor por ti? Sin compromiso. Solo quiero que sepas que te amo". Si dice que sí, sabrás que la relación ha madurado. Si dice que no, la relación está en problemas.

No puedes obligar a alguien que acepte una expresión de amor.

—Lo haré —dijo—, y espero que para entonces lo reciba.

Josué aprendió una lección importante: No puedes obligar a alguien que acepte una expresión de amor. Solo puedes ofrecerla. Si no la acepta, debes respetar la decisión de la otra persona.

AHORRAR, GASTAR, DAR

Si quieres llegar a ser alguien que hace regalos con eficacia, es posible que tengas que cambiar tu actitud sobre el dinero. Cada uno de nosotros tiene una percepción individualizada de los propósitos del dinero, y tenemos varias emociones asociadas con gastarlo. Si estás orientado a los gastos, te sentirás bien contigo mismo cuando gastes dinero. Si tienes una perspectiva de ahorro e inversión, te sentirás bien contigo mismo cuando ahorras dinero o lo inviertes con sabiduría.

Supongamos que eres ahorrativo. Tus emociones se resistirán a la idea de gastar dinero como una expresión de amor. *No compro cosas para mí. ¿Por qué debería comprar cosas para otros?* Sin embargo, esa actitud no entiende la verdad: que *estás* comprando cosas para ti mismo. Al ahorrar e invertir dinero, compras autoestima y seguridad emocional. Cuidas de tus propias necesidades emocionales en la forma en que administras el dinero. Si descubres que el lenguaje primario del amor de alguien que amas es recibir regalos, quizá entiendas que comprar y dar regalos sea la mejor inversión que puedes hacer. Inviertes en tu relación y llenas el tanque de amor emocional de la otra persona.

Amor, dinero y padres solteros

Recuerda, el propósito de un regalo es comunicar esto de manera emocional: «Te amo. Espero que este regalo mejore tu vida». Esto es de suma importancia para que lo recuerden los padres solteros (y todos los padres en realidad). Los regalos nunca se deben dar solo porque los pidan un niño o un adolescente. La pregunta debería ser: «¿Este regalo es para el bienestar de mi hijo adolescente?».

Si la respuesta es no, el padre no puede entregar de manera consciente el regalo a un adolescente. Por ejemplo, considera la práctica común ahora en los Estados Unidos para muchos padres pudientes de darle a su hijo de dieciséis años un automóvil. No sugiero que esto siempre sea malo para todas las familias. Lo que sugiero es que los padres deben hacerse la pregunta: «¿Es bueno para mi adolescente el regalo de un automóvil?».

Al responder esa pregunta, los padres deben sopesar un par de factores. Uno es el nivel de madurez y responsabilidad del adolescente mismo. El hecho de que el estado diga que pueden conducir legalmente no significa que todos estén preparados en lo emocional para un automóvil a los dieciséis años. Algunos adolescentes no han demostrado un nivel de responsabilidad suficiente en otros aspectos, a fin de que sean merecedores de darles un automóvil.

Un segundo factor es la capacidad financiera de un padre soltero para proporcionar un automóvil. Comprometer demasiado tus finanzas para darle un regalo de este tipo a un adolescente no es, en última instancia, bueno para ellos ni para ti.

Aunque hablo de padres solteros, permítanme decirles unas palabras a los que no tienen la custodia de sus hijos, los que casi siempre son los papás (lo siento, papás), quienes tratan de compensar sus fallas al prodigarles regalos innecesarios a sus hijos.

Hay un tipo de regalo que ningún adolescente necesita. Es lo que llamo el regalo falsificado. Este es el regalo, a menudo regalos, diseñado para ocupar el lugar del verdadero amor. Dichos regalos los dan padres ocupados, y a veces ausentes, que están atrapados en las ocupaciones de la vida y tienen poco tiempo para hablar el lenguaje de las palabras de afirmación ni los otros tres lenguajes del amor restantes: tiempo de calidad, actos de servicio y toque físico. Así que intentan compensar este déficit dándole regalos inadecuados al adolescente.

Una madre soltera dijo: «Cada vez que mi hija de dieciséis años va a visitar a su padre, llega a casa con una maleta llena de regalos. Él no está dispuesto a ayudarme con sus facturas médicas y dentales, pero siempre tiene dinero para regalos. Raras veces la llama por teléfono y solo pasa dos semanas en el verano con ella. En cambio, de alguna manera, se supone que los regalos hacen que todo esté bien».

Este tipo de regalos por parte de padres no involucrados se ha convertido en algo común. Por lo general, el adolescente recibe los regalos, expresa agradecimiento verbal y se va a casa con un tanque de amor vacío. Cuando los regalos se entregan como un sustituto del amor genuino, el adolescente los ve como falsificaciones que son poco profundas.

CUANDO LOS REGALOS SON SU LENGUAJE PRIMARIO

Para algunas personas, recibir regalos es su lenguaje primario del amor. Es lo que les hace sentirse amadas de manera más profunda. Amanda, que estuvo saliendo con Ben durante nueve meses, fue muy vulnerable cuando dijo: «Quiero que sepas que los cumpleaños y las fiestas especiales son muy importantes para mí. Recuerdo que estuve llorando dos días cuando mi padre olvidó el día en que cumplí dieciséis años. Sabía que no amaba a mi madre; por eso se fue. Sin embargo, en mi cumpleaños, descubrí que tampoco me amaba a mí».

Si Ben ha estado escuchando, acaba de descubrir que el lenguaje primario del amor de Amanda es el de los regalos. Si quiere que se sienta amada, no solo recordará los cumpleaños y otras fiestas, sino que también le dará regalos en un caluroso día de agosto y una fría tarde de enero, en cualquier momento, sin motivo especial, solo para expresar su amor. Estos regalos «sin compromisos» son los que más significan y tienen mayor impacto.

El padre soltero que recoge una piedra mientras hace senderismo en una montaña y se la da a su hijo de diez años, puede descubrirla en el cajón de su cómoda cuando el hijo tiene veintitrés años si es que el lenguaje primario del amor de su hijo es el de los regalos. El regalo decía: «Papá estaba pensando en mí». Cada vez que ve la piedra, piensa en su padre y se siente amado. Los regalos no tienen que ser caros; después de todo, «la intención es lo que cuenta». Aun así, te recuerdo que lo que cuenta no es la idea de lo que te queda en la mente; es el regalo que surgió de la idea que comunica el amor emocional.

El amor detrás de los osos de peluche

Cristian estuvo saliendo con Brígida durante unos seis meses cuando concertó una cita para verme. Fue muy directo sobre el propósito de su visita.

—Hace seis meses que Brígida y yo somos novios. Las cosas van muy bien. En realidad, me gusta, pero hay una cosa que me molesta. Tiene al menos cincuenta osos de peluche en su habitación. La mitad de ellos están en su cama. Duerme con ellos. Podría entenderlo si tuviera seis años, pero no lo entiendo ahora que tiene veintiséis. Hasta les puso nombres a casi todos. Es como si fueran sus hijos.

»Esto me parece extraño, y no sé cómo funcionaría si alguna vez nos casáramos. No me gusta dormir con osos de peluche. Entonces, lo que quiero saber es si me estoy perdiendo algo o si este es el comportamiento normal de una chica de veintiséis años.

—Si por normal te refieres a que todas las mujeres solteras de veintiséis años duermen con una habitación llena de osos de peluche, la respuesta es no —le dije—. Lo importante, Cristian, no es lo que tiene una chica en su dormitorio, sino el significado emocional de las cosas en su habitación.

Podía ver los signos de interrogación formándose en los ojos de Cristian.

—Entonces, esto es más serio de lo que pensaba —dijo.

—No necesariamente —respondí—. Déjame hacerte algunas preguntas. Mencionaste que Brígida les puso nombre a casi todos los osos de peluche. ¿Sabes la procedencia de los osos de peluche?

—Casi todos fueron regalos —dijo—. Es más, sabe quién le dio cada uno de los osos, y cuándo. Parece que sus padres le han dado un oso de peluche en cada cumpleaños desde que era niña. El resto es de familiares, amigos y exnovios. Ya no sé qué pensar en cuanto a esto.

—Creo que sé lo que está pasando —le dije—. Me parece que el lenguaje primario del amor de Brígida es el de los regalos. Los regalos le hablan de manera profunda. ¿Cuál crees que es tu lenguaje primario del amor? ¿Qué te hace sentir más amado?

—Palabras de afirmación —dijo de inmediato—. Tal vez sea por eso que me gusta tanto Brígida. Siempre me está diciendo palabras de afirmación.

—Eso tiene mucho sentido —dije—. Ahora lo que sugiero es que el lenguaje primario del amor de Brígida es el de los regalos. Por eso es que recuerda quién le dio cada uno de los osos. Por eso es que les puso nombres. Por eso es que los conserva en su habitación. Cada oso dice: "Te amo".

—Sí, pero esos dos de sus exnovios tienen que irse, ¿verdad? Es decir, no quiero salir con ella y tener a otros dos tipos diciendo "Te amo" todas las noches.

Me reí, pero podía decir que Cristian hablaba en serio.

—Sí —le contesté—, si tu relación con Brígida se convierte en algo más a largo plazo, habrá un momento en que esos dos osos deberán encontrar otro hogar. No obstante, si vas a seguir saliendo con Brígida, debes enamorarte de los osos de peluche. Insistir en que se deshaga de los osos de peluche es insistir en que desprecie el amor de su familia. A decir verdad, no quieres casarte con una chica que se vuelva en contra del amor de padres y familiares.

Cristian asentía como si entendiera, así que continué.

—Verás, Cristian, no son los osos de peluche a los que está apegada. Es al amor detrás de los osos de peluche.

—Nunca he sido bueno para dar regalos —dijo Cristian—. Los regalos no son muy importantes para mí.

—Entonces, te hará falta tiempo y esfuerzo para que aprendas a hablar este lenguaje del amor —le dije—, pero es esencial si quieres que florezca tu relación con Brígida. Todos florecemos cuando nos sentimos amados y nos marchitamos cuando no nos sentimos amados. La razón por la que Brígida es tan positiva y se entusiasme tanto con la vida es porque se ha sentido amada por las personas significativas en su vida. Tú no quieres restarle a eso; quieres añadirle a eso.

—Ah, voy a ser el mejor amante de los osos de peluche que haya visto jamás —dijo mientras se alejaba con una sonrisa.

Dos meses después, conocí a Brígida en una celebración del Cuatro de Julio. Cristian me la presentó y ella me dijo:

—Quiero agradecerle por el tiempo que pasó con Cristian. Me dijo lo que le explicó, y tuvo mucho sentido para mí. Nunca lo había pensado de esa manera. No me daba cuenta de que mi lenguaje primario del amor era el de los regalos, pero es muy cierto. A propósito —dijo, levantando su mano—, este es el anillo de la amistad que Cristian me dio la semana pasada.

—Ahhh —le dije—, Cristian aprende rápido.

—No sé qué tan rápido soy —dijo Cristian—, pero sé que amo a Brígida y quiero que se sienta amada.

Mientras Cristian se alejaba, miró por encima de su hombro y, levantando dos dedos, dijo:

—¡Se marcharon dos osos de peluche!

Sonreí y asentí.

Brígida escuchó lo que dijo, se detuvo y se volvió hacia mí, diciendo:

—Los doné al Ejército de Salvación. Con suerte, otra persona se sentirá amada cuando lo reciba.

Le hice un gesto de aprobación a medida que se alejaban.

Cristian y Brígida ilustran el tipo de conflictos que surgen en las relaciones de pareja cuando las personas no entienden los lenguajes del amor. Cristian encontraba extraño que una mujer de veintiséis años tuviera una habitación llena de osos de peluche. Le parecía anormal. Sin embargo, cuando comprendió que recibir regalos era uno de los cinco lenguajes primarios del amor, y que los osos de peluche eran regalos de personas importantes en su vida, todo tuvo sentido para él.

Por favor, no interpretes que estoy diciendo que solo se hable el lenguaje primario del amor de las personas que nos importan. El amor se puede expresar y recibir en los cinco lenguajes. Sin embargo, si no hablas el lenguaje primario del amor de una persona, esta no se sentirá amada, aunque quizá hables los otros cuatro. Una vez que hables con fluidez su lenguaje primario del amor, puedes rociarlo con los otros cuatro y serán como la guinda del pastel.

ASUNTOS A TENER EN CUENTA

1. *¿Hasta qué punto tus padres hablaban el lenguaje del amor de los regalos para ti y entre sí?*
2. *¿Con qué frecuencia les das regalos a quienes amas y te importan?*

3. *¿Cuál es el último regalo que hiciste y a quién se lo diste?*
4. *¿Te resulta difícil hablar el lenguaje del amor de los regalos, o es natural para ti? ¿Por qué?*
5. *En tu conversación con otros, ¿escuchas de manera consciente para tener ideas sobre los regalos? ¿Sería útil para ti mantener una lista de regalos en tu cuaderno?*
6. *Si te gusta recibir regalos, ¿de quién te gustaría recibir uno? ¿Sería apropiado que le dieras a esa persona un regalo esta semana?*

ACTOS DE SERVICIO

5

TERCER LENGUAJE DEL AMOR:

Actos de servicio

Jenny ingresó a la fuerza laboral después que su esposo la dejó a ella y a su hija de cuatro años. Trabajando en el campo de la salud, sus habilidades no eran tan avanzadas como le gustaría, pero está mejorando. También tiene una compañera de trabajo muy útil que le ha hecho mucho más fácil la transición como madre soltera en el lugar de trabajo.

«Anita es muy amable», me dijo Jenny. «Cada vez que tengo un problema en el aprendizaje de nuestro sistema informático, siempre está disponible para ayudarme. Es muy paciente cuando tardo en aprender. ¡Es la mejor! No sé qué haría sin ella».

Jenny tiene en muy alta estima a Anita porque su compañera de trabajo habla el lenguaje primario del amor de Jenny: actos de servicio.

Uno de los lenguajes fundamentales del amor es el de los actos de servicio. La mayoría de las grandes religiones del mundo exigen que sus seguidores sirvan, den a otros y realicen buenas obras. Una de las imágenes más claras de la esencia de la fe cristiana es la de Jesús lavándoles los pies a sus discípulos. En una cultura donde la gente usaba sandalias y caminaba por calles sucias, se acostumbraba a que el sirviente de la casa les lavara los pies, casi siempre repulsivos y mugrientos, de los invitados a medida que llegaban. Jesús, que les había instruido a sus discípulos que se amaran los unos a los otros, les dio un ejemplo de cómo expresar ese amor cuando tomó un recipiente y una toalla, y procedió a lavarles los pies. Después de esa simple expresión de amor, animó a sus discípulos a que siguieran su ejemplo[1].

Si comenzamos a escuchar con atención, conseguiremos todo tipo de pistas sobre lo que serían regalos apropiados para las personas que nos importan.

Al principio de su vida, Jesús señaló que los siervos son los que serían grandes en su reino. En la mayoría de las sociedades, quienes son grandes se enseñorean de los que son pequeños, pero Jesús dijo que los que son grandes servirían a los demás. El apóstol Pablo resumió esa filosofía cuando dijo: «Sírvanse unos a otros con amor»[2].

En nuestra sociedad egocéntrica, la idea del servicio puede parecer anacrónica, pero la vida de servicio a los demás siempre se ha reconocido como una vida digna de imitar. En cada vocación, los que de veras se destacan tienen un deseo genuino de servir a otros. Los médicos más notables ven su vocación como un llamado a servir a los enfermos y a los que sufren. En realidad, los grandes líderes políticos se ven a sí mismos como «servidores públicos». El más grande de todos los educadores considera a los estudiantes como individuos y obtiene sus mayores recompensas al ver que estos alcanzan su potencial en el desarrollo de sus talentos e intereses. El servicio a los demás es nuestra mayor aspiración.

SERVICIO EN LIBERTAD, SIN TEMOR

En algunas familias, el servicio se les impone a otros y se convierte en algo que provoca amargura y resentimiento. Escucha el dolor emocional de una soltera divorciada: «Lo serví durante veinte años. Lo atendía en cada una de sus necesidades, mientras que él me ignoraba, maltrataba y humillaba delante de mis amigos y familiares. No lo odio, pero ya no puedo vivir a su lado». Esa esposa realizó actos de servicio durante veinte años, pero no fueron expresiones de amor. Los realizó por temor, culpa y resentimiento.

Un felpudo es un objeto inanimado. Puedes limpiar tus pies, pisarlo, patearlo o hacer lo que quieras con él. No tiene voluntad propia. Puede ser tu sirviente, pero no tu amante. La manipulación por culpa («Si me amaras, harías esto por mí») no es el lenguaje del amor. La coacción por el temor («Harás esto o lo lamentarás») no tiene lugar en el amor.

El amor dice: «Te amo demasiado para que me trates de esta manera. No es bueno para ti ni para mí». El amor se niega a que le manipulen.

Por otro lado, el verdadero amor a menudo encuentra su expresión en actos de servicio. Es un servicio ofrecido con libertad, no por temor, sino por decisión. Surge del descubrimiento personal de que «hay más bendición en dar que en recibir»[3]. Todos tenemos ciertas habilidades y destrezas. Estas se pueden usar para expresar amor. Así es que Anita usaba su experiencia tecnológica para expresarle amor a Jenny.

LOS MUCHOS ACTOS DE SERVICIO

Por supuesto, los actos de servicio no requieren habilidades muy técnicas. Hace años, mi esposa y yo les abríamos nuestra casa los viernes por la noche a jóvenes solteros que se acababan de mudar a nuestra ciudad y que visitaban nuestra iglesia. No era una velada muy estructurada, sino un lugar donde los solteros podían hacer preguntas, conocer personas y desarrollar relaciones. Después de una de estas noches, un joven se

El amor dice: «Te amo demasiado para que me trates de esta manera».

quedó y me dijo: «Estas reuniones son muy significativas y muy útiles. A decir verdad, me gustaría hacer algo para mostrarles a usted y a la Sra. Chapman cuánto aprecio que nos hayan abierto su hogar. Quería saber si alguna noche de esta semana podría venir y limpiar su horno». (Esto fue en la época antes de que tuviéramos un horno «autolimpiable»).

Karolyn y yo teníamos experiencia con el aerosol para limpiar. Sabía lo mucho que lo detestaba y, para ser sincero, tampoco era mi trabajo favorito. Entonces, dije sin vacilar: «Eso sería maravilloso».

Poco después en esa semana, vino y limpió nuestro horno cuando Karolyn y yo salimos con los niños para una tarde de diversión. Al regresar a casa, encontramos un horno limpio y brillante.

Eso sucedió hace años. El joven se mudó de nuestra comunidad desde hace tiempo, pero ninguno de nosotros ha olvidado su nombre ni su acto de bondad.

Tomás es un soltero de casi treinta años cuyo abuelo acababa de fallecer. Había una mujer en la ciudad natal de su abuelo que les abrió su casa a Tomás y sus hermanos como un lugar para quedarse en los días previos al funeral. Las personas que conocían al abuelo de Tomás ofrecieron todo tipo de expresiones de amor durante este tiempo de pérdida, pero ninguna significó más para Tomás esa semana que el acto de servicio de esta mujer de proporcionarles un lugar para apartarse y preparar el desayuno todas las mañanas.

La vida está llena de oportunidades para expresar amor mediante actos de servicio. Tu compañero de cuarto está estudiando para los exámenes de admisión a la universidad, y tú, habiendo pasado por ellos, le das algunos consejos. Un adulto soltero mayor necesita que lo lleves al consultorio del médico o a la iglesia. Tienes una cita por la noche... ¿por qué no llamas con anticipación y preguntas si necesita una barra de pan o leche que puedes comprar de camino? (Si lo pagas, es tanto un regalo como un acto de servicio).

Para algunos solteros, este lenguaje del amor es fácil. Crecieron en hogares donde se les enseñó que «las acciones hablan más que las palabras». Los elogiaron cuando hicieron actos de servicio para sus parientes, y la familia a menudo hacía proyectos de servicio para personas mayores o necesitadas. Sienten muy en lo profundo que amar significa servir. Por consiguiente, están alertas a las oportunidades que les rodean.

CADA HOMBRE SE LAS ARREGLA POR SÍ SOLO

Otros encontrarán que este lenguaje del amor es muy difícil de hablar porque su familia de origen hacía hincapié en que todos debían valerse por sí mismos. «No esperes que cuide de ti todo el tiempo», es el mensaje que escucharon esas personas durante su infancia. «No existe el almuerzo gratuito». Por lo tanto, el enfoque de sus vidas es velar por sus propias necesidades, y esperan que todos los demás hagan lo mismo. Su forma de pensar es: ¿Por qué debería hacer algo por otros que pueden hacerlo por su cuenta?

Si compartes habitación o trabajas con una persona orientada de esa manera, es mejor que preguntes antes de hacerle un acto de servicio. Si limpias su baño mientras está fuera, puede ofenderse. Es probable que el pensamiento que le pase por la mente sea: *Se cree que no hago mi trabajo*. Para ti fue un acto de amor, pero para esa persona fue un insulto.

Por lo tanto, antes de hacer un acto de servicio, será mejor que preguntes: «¿Sería útil para ti si lo hiciera?». Después de todo, tu propósito es mejorar su vida expresando amor. No quieres hacer algo que la persona interprete de forma negativa. Si su respuesta es: «No, prefiero hacerlo yo misma», no lo tomes como un rechazo personal. Solo te informa que no quiere recibir ese lenguaje del amor en ese momento.

Por otro lado, si los actos de servicio no son naturales para ti, sigue siendo un lenguaje del amor que vale la pena adquirir.

Es una forma de expresar un sentido de responsabilidad por el bienestar de los demás. Alberto Schweitzer, quien se hiciera famoso sirviendo a los pobres del África como médico hace años, dijo en reiteradas ocasiones: «Mientras haya un hombre en el mundo que esté hambriento, enfermo, solo o viviendo con temor, él es mi responsabilidad»[4]. En general, ayudar a otros se acepta como una expresión de amor.

SR. SERVICIAL

Lea era una de los varios adultos solteros que asistieron a mi seminario para matrimonios en Cleveland. Explicó: «Solo quiero aprender más sobre el matrimonio para que, si me caso alguna vez, sabré lo que se supone que debo hacer». Me encantaría que más solteros tuvieran esa actitud antes de casarse. Después del almuerzo, me preguntó si podía hablar conmigo.

—No quiero tomar demasiado tiempo —dijo—, pero tengo un problema.

Asentí y ella continuó.

—He estado saliendo con un chico durante unos seis meses y es el ser más maravilloso del mundo, pero no tengo sentimientos románticos hacia él. Desearía tenerlos.

—Entonces, ¿qué te hace pensar que es tan maravilloso? —le pregunté.

—Es el hombre más amable que he conocido. Nunca he tenido un hombre que haga tanto por mí.

—¿Qué hace por ti? —le pregunté.

—Bueno, todo comenzó una noche en la iglesia —dijo—. Yo había estado en una reunión de solteros, y cuando me preparaba para salir de la iglesia, estaba lloviendo a cántaros. Se me acercó con su enorme paraguas y me preguntó si podía llevarme hasta el automóvil. No recordaba haberle visto antes, pero me dijo que llevaba unas tres semanas asistiendo. Bueno, por supuesto que acepté su oferta.

»No pensé en él otra vez hasta que lo divisé en la reunión de solteros dos semanas más tarde. Luego, me preguntó si me gustaría tomar un café. Cruzamos la calle hacia la cafetería *Starbucks*. Cuando nos preparábamos para partir, llovía de nuevo.

»Corrió al otro lado de la calle y regresó poco después con su automóvil, se encontró conmigo en la puerta con el paraguas, y después me llevó hasta mi automóvil. Mientras conducía a casa, pensé que era un chico muy agradable, pero eso fue todo.

»Pues bien, unas tres semanas más tarde, estaba teniendo problemas con mi computadora en casa. Cuando terminó nuestra reunión, él me siguió hasta la casa, trabajó en la computadora y, al final, resolvió el problema.

»Le brindé un té helado y conversamos sobre la computadora durante unos minutos. Le dije cuánto apreciaba que me ayudara y le ofrecí pagarle. Se negó y dijo que estaba encantado de poder ayudarme.

Como alguien salido de la literatura clásica, tal parece que el hombre siempre estaba listo para ayudar. En una reunión posterior de solteros, le contó a Lea sobre un programa de computadora que pensó que le sería útil, y luego se lo instaló, rechazando el pago por hacerlo.

—Para no hacer la historia larga —dijo (en ese momento me alegré mucho de escuchar esas palabras)—, empezamos a salir a cenar una vez a la semana, y comenzó a venir a mi casa para ayudarme con varios proyectos de reparación. Recortó la puerta de mi armario para poder cerrarla. Puso una cerradura con pestillo de seguridad en la puerta de mi casa. Me ayudó a quitar un par de ventanas. Me ayudó a descubrir cómo usar algunas de las características de mi nuevo teléfono celular. Arregló mi tostadora cuando comenzó a quemarlo todo.

»Quiero decir, ¡este hombre es de veras increíble! Deseo que esté en mi vida para siempre, pero no tengo sentimientos románticos hacia él, y tampoco me atrae físicamente. No creo que deba casarme con él, pero lo cierto es que me gusta tenerlo cerca.

—¿Crees que tiene sentimientos románticos hacia ti? —le pregunté.

—No lo sé —me dijo—. Nunca hemos hablado de eso. Es como una muy buena amistad. Sin embargo, quiero salir con otras personas, no con nadie en particular, pero lo cierto es que quiero involucrarme de manera romántica con alguien, y no sé si esto puede suceder mientras lo esté viendo a él. Aun así, tampoco quiero lastimarlo. Ha sido muy amable conmigo. No sé qué hacer.

«PAPÁ SIEMPRE LO ARREGLABA»

Tenía la sensación de que Lea estaba pidiendo la sabiduría de Salomón. Como yo no era Salomón, continué haciendo preguntas.

—Voy a cambiar el tema por un momento, ¿de acuerdo?

Ella asintió y yo continué.

—Cuando eras pequeña, ¿tu padre era el hombre para todo en la casa?

—Ah sí. Pintaba y hacía todas las reparaciones. Si algo salía mal, papá podría solucionarlo. Es más, arreglaba las cosas para el vecindario entero. Cuando conseguí mi primer auto siendo adolescente, parecía que cada semana algo se dañaba, pero papá siempre lo solucionaba. Cuando me fui para la universidad, hubo un problema con el sistema eléctrico en mi dormitorio. Traté de que la gente de mantenimiento lo arreglara, pero cuando no respondieron, papá vino y lo arregló por fin.

—¿Cómo describirías tu relación con tu padre? —le pregunté.

—Papá y yo siempre fuimos cercanos. Tengo la bendición de haber tenido un padre que me amaba de veras.

—¿Cómo sabes que te amaba? —le pregunté.

—Bueno, como dije, todas las cosas las hacía por mí. Siempre estaba presente cuando lo necesitaba.

Estaba empezando a hacer algunas conexiones y le pregunté si veía similitudes entre su padre y su amigo.

—Sí, ahora que lo menciona, las veo —dijo—. Marcos está haciendo todas las cosas que solía hacer papá. Es un buen hombre, al igual que mi padre. Sin embargo, no quiero casarme con mi padre.

—Creo que puedo explicar lo que está sucediendo —dije—. ¿Recuerdas la conferencia que dicté antes del almuerzo sobre los cinco lenguajes del amor?

Lea asintió.

—Bueno, supongo que tu lenguaje primario del amor es el de los actos de servicio. Te sentiste amada por tu padre porque hablaba tu lenguaje del amor. Y te sientes amada por Marcos porque también está hablando tu lenguaje primario del amor.

—Entonces, ¿qué pasa con los sentimientos románticos? —interrumpió Lea.

—Voy a llegar a eso, pero antes que todo, quiero que entiendas por qué te sientes tan cerca de Marcos, por qué valoras su amistad y por qué crees que es una persona tan maravillosa.

»Cuando alguien habla nuestro lenguaje primario del amor, nos sentimos atraídos hacia esa persona en lo emocional. La tenemos en una gran consideración positiva. Queremos hacer algo que mejore su vida y corresponderle en su amor hacia nosotros. Es probable que sea por eso que comenzaras a salir con Marcos. Sus actos de bondad hacia ti estimularon un deseo de hacer algo amable a su favor. Entonces, a pesar de que no experimentabas ningún sentimiento romántico hacia él, y a que no te atraía físicamente, seguía pareciéndote lo más natural. Ahora, has desarrollado una amistad de afecto y amabilidad, y no quieres herir a Marcos, pero deseas tener una relación romántica con otra persona. Por lo tanto, estás atrapada en el medio.

¿QUÉ HACER RESPECTO A MARCOS?

Lea estuvo de acuerdo.

—Entonces, ¿qué voy a hacer?

—Bueno, no puedo decirte qué hacer, pero puedo darte algunas ideas que quizá te ayuden a decidir lo que debes hacer.

»Primero, debes decirte la verdad. Hoy me la dices a mí, pero debes ser sincera contigo misma. La verdad es que tienes una amistad que es muy significativa para ti porque Marcos habla tu lenguaje primario del amor. Sin embargo, esta no es una relación romántica que podría conducir al matrimonio. Por consiguiente, existe la posibilidad real de que, si desarrollas una relación romántica con otra persona, de seguro que disminuirá esta amistad y tal vez deje de existir.

Lea asintió.

—La segunda idea es descubrir qué está pasando dentro de la cabeza de Marcos. ¿Qué siente respecto a su relación contigo? ¿Tiene sentimientos románticos hacia ti? No puedes tomar una decisión sabia sin tener esta información.

Lea anotaba mis ideas.

—Puedes decir algo como: "Marcos, he estado pensando en nuestra amistad, y siento la necesidad de averiguar si estamos de acuerdo. Entonces, seré vulnerable, te diré cómo veo nuestra relación y, luego, te pediré que hagas lo mismo. ¿Es este un buen momento para que tengamos esta conversación?".

»Entonces, si acepta, continúas. Podrías decir algo así: "Antes que todo, valoro mucho nuestra amistad. Espero que pueda continuar. Has sido muy amable conmigo, y de veras disfruto nuestros momentos juntos, pero no lo veo como una relación romántica".

»"Lo último que desearía hacer es herirte, pero creo que mereces la verdad. Tal vez esté siendo un poco tonta al hablar de esto, pero solo quiero asegurarme de que nos comprendamos. ¿Eso tiene sentido?". Entonces, escuchas con atención la respuesta de Marcos; haz preguntas aclaratorias para estar segura de entender dónde está y partir desde allí.

»Si ve la relación al igual que tú, una amistad no romántica —continué—, puedes seguir la amistad, y él te dará la libertad de salir con otra persona. Por otro lado, si tiene fuertes sentimientos románticos hacia ti, la idea de que salgas con otra persona mientras mantienes una amistad con él, quizá no sea posible. A pesar de eso, al menos sabrás los hechos, y puedes tomar tu decisión de acuerdo con esto. Puede que él opte por terminar la relación. O bien, si tiene sentimientos románticos hacia ti y se da cuenta de que no cuentas con alguien en particular con quien quieras salir en ese momento, puede pedirte que continúen la relación hasta que conozcas a alguien con quien te gustaría salir. Si no tiene sentimientos románticos hacia ti, puede alegrarse de que salgas con otra persona sin dejar de ser tu amigo, siempre y cuando eso no interfiera con tu nueva relación.

Era casi la hora de mi próximo seminario. Después, Lea me dio las gracias de nuevo. Asentí y dije:

—Solo tengo un comentario más —dije asintiendo—. Espero que la persona con quien desarrolles una relación romántica, y con quien te cases al final, hable el lenguaje del amor de los actos de servicio. Si lo hace, te hará la vida mucho más fácil. Si no lo hace, espero que le enseñes a hablarlo antes de que te cases y que entienda por qué es tan importante.

—Ah, voy a llevarlo a uno de sus seminarios. Lo arreglaré antes de casarnos —dijo riendo mientras se alejaba.

Lea sabía que cuando aprendemos a hablar el lenguaje del amor de la otra persona al principio de nuestras relaciones, podemos mantener lleno su tanque de amor.

ASUNTOS A TENER EN CUENTA

1. *¿Tu padre habló el lenguaje del amor de los actos de servicio de manera similar al padre de Lea? ¿Qué me dices de tu madre?*
2. *¿Con cuánta libertad les expresas los actos de servicio a los demás?*

3. *¿Qué actos de servicio has hecho por tus padres en los últimos tres meses?*
4. *¿Qué actos de servicio le has mostrado a un amigo o a la persona con quien tienes una relación de noviazgo?*
5. *¿Qué actos de servicio han hecho otros por ti recientemente?*
6. *En una escala del 0 al 10, ¿cuánto amor sientes cuando las personas te expresan actos de servicio?*
7. *¿Estarías dispuesto a fijarte la meta de hablarle el lenguaje del amor de los actos de servicio al menos una vez a la semana a alguien importante para ti?*

TIEMPO DE CALIDAD

6

CUARTO LENGUAJE DEL AMOR:

Tiempo de calidad

Mike e Ivana han estado saliendo durante seis meses, pero Mike se siente muy frustrado con su relación. «En realidad, me gusta Ivana. Creo que podríamos tener una buena relación. El problema es que ella no está disponible. Su trabajo es tan exigente que nunca tiene tiempo para mí. Me canso por solo estar sentado en casa mientras ella se ha ido a otro viaje de negocios». Mike está revelando su deseo de tener tiempo de calidad.

Las personas que desean tiempo de calidad quieren la unión. Por «unión», no me refiero a la proximidad. De seguro que dos personas sentadas en la misma habitación están muy cerca, pero no necesariamente juntas. La unidad tiene que ver con la atención centrada. Le das a alguien toda tu atención. Como humanos, tenemos un deseo fundamental de conectarnos con los demás. Podemos estar en presencia de personas todo el día, pero no siempre nos sentimos conectados.

Cuando el tiempo de calidad se utiliza como un medio para expresar el amor genuino, es un poderoso comunicador emocional.

La madre soltera sentada en el suelo, haciendo rodar una pelota con su hijo de dos años, le está dando al niño tiempo de calidad. Por ese breve momento, sin importar su duración, están juntos. No obstante, si la madre habla por teléfono mientras rueda la pelota, su atención se diluye. El niño ya no tiene toda su atención.

El tiempo de calidad no significa que debamos pasar todos nuestros momentos mirándonos a los ojos. Puede significar hacer algo juntos que ambos disfrutamos. La actividad particular es secundaria, solo es un medio para crear el sentido de unidad. Una pareja de novios caminando juntos por el bosque no se enfocará en los árboles, sino en el hecho de que pasan tiempo juntos. Lo que sucede en el nivel emocional es lo que importa. Pasar tiempo juntos en una búsqueda común comunica que se preocupan el uno por el otro, que disfrutan de estar el uno con el otro.

Por otro lado, si tu pareja ha expresado su deseo de aprender a jugar tenis y tú, siendo más competente, aceptas darle una clase de tenis, la atención se centra en desarrollar las habilidades de tu pareja. Esto puede ser una expresión de amor, pero no es tiempo de calidad, es el de actos de servicio. Le brindas un servicio deseado, enseñándole a tu pareja a mejorar su juego de tenis. Quizá se sienta amado de veras por tus esfuerzos, en especial si su lenguaje primario del amor es el de los actos de servicio. En este contexto, también puedes hablar el lenguaje del amor del tiempo de calidad si después de las instrucciones te sientas a tomar una limonada y tienes una conversación de calidad.

DIALECTOS DEL TIEMPO DE CALIDAD: CONVERSACIÓN DE CALIDAD

Al igual que las palabras de afirmación, el lenguaje del amor de tiempo de calidad también tiene muchos dialectos. Uno de los dialectos más comunes es el de la conversación de calidad. Con una conversación de calidad me refiero al diálogo comprensivo en el que dos personas se comunican sus experiencias, pensamientos, sentimientos y deseos en un contexto amistoso e ininterrumpido.

Escuchamos...

En el lenguaje del amor, la conversación de calidad es bastante diferente a la de palabras de afirmación. Las palabras de afirmación se enfocan en lo que decimos, mientras que la conversación de calidad se enfoca más en lo que escuchamos. Si expreso mi amor por ti a través del tiempo de calidad, y vamos a pasar ese tiempo conversando, significa que me concentraré en atraerte escuchando de manera comprensiva lo que tienes que decir. Haré preguntas, no de manera agresiva, sino con intenciones genuinas de entender tus pensamientos, sentimientos y deseos.

Roberto y Ana llevaban saliendo casi un año cuando Ana por fin le confesó que no deseaba que estuviera tan apegado a su teléfono, en especial cuando trataba de tener una conversación significativa con él. Roberto sintió que podía escuchar a Ana mientras respondía un mensaje de texto, pero a ella le comunicaba que su novio no escuchaba de veras y no le importaba lo suficiente como para prestarle toda su atención.

Si invierto treinta minutos en esa conversación contigo, te doy treinta minutos de mi vida. La conversación de calidad comunica que me importa. Esto es muy cierto si tu lenguaje primario del amor es tiempo de calidad.

... y hablamos

Por supuesto, la conversación también implica hablar. Muchos adultos solteros (y muchos casados también) no han desarrollado las habilidades de comunicación necesarias para las conversaciones de calidad. Sara, una mujer de veintitantos años, estaba en mi oficina porque estaba teniendo problemas en sus relaciones amorosas. Hacía poco que su novio le dijo que pensaba que era hora de que «se fueran por caminos separados», pues sus personalidades eran «demasiado diferentes».

«Su principal queja es que no hablo lo suficiente», dijo. «Sé que soy un poco tímida. Supongo que eso se remonta a mi infancia. En nuestro hogar, mi padre no hablaba mucho conmigo ni con mi hermano. Así que ninguno de nosotros hablábamos mucho en realidad. Mi madre siempre estaba ocupada, y mi hermano y yo no nos llevábamos muy bien. De modo que pasé la mayor parte de mi infancia sola. En el instituto y la universidad me centré en mis estudios, y me fue bien. Después de la universidad, conseguí un trabajo como contadora pública, lo que me obliga a estar sola la mayor parte del tiempo. No me di cuenta de que tenía un problema hasta que comencé a salir en citas. Carlos es el cuarto chico que rompe conmigo porque no hablo lo suficiente. Entonces, supongo que tengo un problema».

Sabía que Sara tenía un largo camino por recorrer. El patrón de soledad que describió no se superará en uno o dos días. Como no vivía en mi ciudad, la alenté a que viera a un consejero local y le dijera con exactitud lo que me dijo a mí. Le aseguré que podía aprender a comunicarse, y que si conseguía asesoramiento, al cabo de un año podría experimentar una gran diferencia en sus patrones de comunicación.

El proceso para Sara y otros como ella comienza con aprender a entrar en contacto con nuestros pensamientos, deseos y emociones. Entonces, debemos aprender a expresarlos, primero a nosotros mismos y luego a los demás. Es el proceso de volver a socializar: retroceder y sustituir los patrones de la infancia con patrones saludables de comunicación. No es fácil, pero es necesario si uno quiere aprender a hablar el dialecto de una conversación de calidad.

DIALECTOS DEL TIEMPO DE CALIDAD: ESCUCHAR CON CALIDAD

Otras personas que hablan con demasiada libertad pueden tener un problema igual de difícil. Son oyentes muy pobres. Escuchan solo el tiempo suficiente para entender el tema de tu conversación, y luego proceden a contarte todas las ideas que tienen en mente con respecto a ese tema. O bien, si le planteas una lucha personal, se moverán con rapidez para darte una respuesta diciéndote lo que debes hacer en esa situación. Son expertos en analizar problemas y crear soluciones. En cambio, no son expertos en escuchar de manera comprensiva, a fin de entender a la otra persona.

Alicia y el «hombre de respuestas»

Alicia llevaba divorciada cinco años. Había estado muy involucrada en la crianza de sus dos hijos, pero hace seis meses conoció a Germán y, para usar sus palabras, «las cosas se han movido con rapidez».

—El problema es —dijo—, que estoy empezando a darme cuenta de que Germán se parece mucho a mi ex. Eso me asusta.

—¿De qué manera se parece a tu excónyuge? —le pregunté.

—Bueno, Arturo era lo que llamo "hombre de respuestas". Siempre tenía la respuesta para todo. No importaba el problema que tuviera, podría decirme lo que debía hacer al respecto. Si era algo en el trabajo, me diría lo que debía decirle a mi jefe. Si a la noche siguiente quería hablar sobre el mismo problema, me decía: "Bueno, ¿hablaste con tu jefe?". Si le respondía que no, me decía: "Entonces, no quiero hablar de eso. Cuando hagas lo que te dije que hicieras, vuelves y hablamos".

»Es como si fuera "el hombre de respuestas". Necesitaba su apoyo y aliento. No necesitaba su actitud de sabelotodo.

»Ahora que me franqueo con Germán, estoy viendo esto de nuevo. ¿Todos los hombres son así?

Le aseguré que no, pues no todos somos «así», y la elogié por ser sincera consigo misma acerca de lo que veía en Germán.

—¿Hay otros aspectos de tu relación con él que encuentres problemático? —le pregunté.

—No, es bueno de verdad conmigo y con los niños —dijo—. Por eso es que esta única cosa me molesta de veras y me preocupa que salga igual que mi ex.

—Entonces, dado que valoras la relación, creo que vale la pena invertir tiempo y esfuerzo para ver si Germán puede aprender a ser un "oyente comprensivo" en lugar de un "hombre de respuestas".

Germán aprende a escuchar

Le dije a Alicia que impartiría una clase en dos semanas sobre «El increíble poder del oído que escucha». Le sugerí que Germán y ella asistieran como un primer paso para lidiar con este problema.

Aquí tienes algunas de las ideas prácticas que ofrecí en esa clase. Están diseñadas para ayudarte a convertirte en un oyente comprensivo:

1. *Mantén el contacto visual cuando escuches a alguien.* Esto evita que tu mente deambule y comunica que la persona tiene toda tu atención. Mientras conversan, evita mirar por encima de su cabeza o mirar sus zapatos.

2. *No participes en otras actividades mientras escuchas a otra persona.* Recuerda, el tiempo de calidad le brinda a alguien toda tu atención. Si te encuentras en medio de algo y no puedes prestarle atención de inmediato, dile a la persona la verdad. Un enfoque positivo podría ser: «Sé que necesitas hablar conmigo y estoy muy interesado, pero quiero brindarte toda mi atención. No puedo hacerlo ahora mismo, pero si me das diez minutos para terminar esto, me sentaré y te escucharé». La mayoría de la gente respetará tal petición.

3. *Escucha los sentimientos.* Pregúntate: «¿Cuáles son las emociones de esta persona en este momento?». Cuando creas que tienes la respuesta, confírmala. Por ejemplo, «Parece que te sientes decepcionado porque olvidé...». Eso le da a la persona la oportunidad de aclarar sus sentimientos. También comunicas que estás escuchando con atención lo que dice.

4. *Observa el lenguaje corporal.* Cruzar los brazos, las manos temblorosas, las lágrimas, los ceños fruncidos y el movimiento de los ojos pueden darte pistas sobre lo que siente la persona. A veces,

el lenguaje corporal envía un mensaje mientras que las palabras envían otro. Pide una aclaración para asegurarte de saber lo que de veras piensa y siente la persona. Por ejemplo, podrías decir: «Noté que lloras mientras dices que esperas que nunca regrese. ¿Una parte de ti quiere verlo y otra parte de ti nunca quiere volver a verlo?».

5. *No interrumpas.* Ten cuidado de no interrumpir a alguien para interponer tus propias ideas. Tales interrupciones a menudo detienen la conversación antes de que comience. En este punto de la conversación, tu objetivo no es defenderte ni aclararle a la otra persona. Es para entender los pensamientos, sentimientos y deseos de la persona. Cuando interrumpes demasiado pronto, es posible que nunca descubras lo que la persona intentaba decir en realidad.

6. *Haz preguntas reflexivas.* Cuando creas que comprendes lo que dice la persona, revísalo reflejando la afirmación (tal como la entiendes) en una pregunta: «Lo que te escuché decir es... ¿tengo razón?». O: «¿Estás diciendo que...?». Cuando escuchas de manera reflexiva, borras malentendidos y te permite confirmar (o corregir) tu percepción de lo que dice la persona.

7. *Expresa comprensión.* La persona necesita saber que la escucharon y entendieron. Supongamos que Alicia discute con Germán un problema con el que lucha en el trabajo. Lo que podría decir es: «Lo que escucho que me dices es que sientes que tu jefe se aprovecha de ti, que espera que trabajes horas extras sin paga, y que nunca dice una palabra acerca de que realizas un buen trabajo. ¿Es eso lo que estás sintiendo?». Si Alicia responde: «Sí, ¡tienes razón!», Germán puede expresar comprensión. «Lo siento, cariño... ¡sé lo que eso significa! He tenido jefes como ese...». Todo esto afirma el sentido de valía de Alicia, tratándola como una persona que tiene sentimientos legítimos.

8. *Pregunta si hay algo que puedas hacer que sea útil.* Ten en cuenta que Germán no le dice a Alicia lo que debería hacer. Si Germán le pregunta a Alicia: «¿Hay algo que pueda hacer para

ayudar?», ella quizá diga: «Solo dame un abrazo». No quiere que le dé una respuesta «arreglada». Ya sabe la respuesta. Solo quiere que la apoye. Por otro lado, si dice: «¿Qué crees que debería hacer?», Germán puede expresar sus ideas. Nunca des consejos hasta que estés seguro de que la otra persona los desea.

Nunca des consejos hasta que estés seguro de que la otra persona los desea.

Es obvio que las conversaciones de calidad como estas tomarán tiempo y, para ser sincero por completo, una gran cantidad de esfuerzo. Es más, se empleará el doble de tiempo para escuchar en lugar de hablar. Los dividendos, sin embargo, son enormes. La otra persona se siente respetada, comprendida y amada, que es el objetivo de las conversaciones de calidad.

DIALECTOS DE TIEMPO DE CALIDAD: ACTIVIDADES DE CALIDAD

El lenguaje básico del amor del tiempo de calidad tiene otro dialecto: actividades de calidad. En un evento reciente de solteros, les pedí a los presentes que completaran la siguiente oración: «Me siento muy querido y apreciado por __________ cuando __________». Podían insertar el nombre de cualquier persona: padre, compañero de cuarto, de trabajo o amigo.

Un hombre de treinta años insertó el nombre de su novia y completó la oración de la siguiente manera: «Me siento amado por Megan cuando ella y yo hacemos juntos las cosas: las cosas que me gusta hacer a mí y las cosas que le gusta hacer a ella. Hablamos más cuando hacemos cosas. Nunca había montado a caballo hasta que la conocí, y ella nunca había navegado. Siempre he disfrutado haciendo cosas con otras personas. Es genial salir con alguien que está dispuesta a probar cosas nuevas juntos».

Este joven revelaba que su lenguaje primario del amor es el tiempo de calidad, y el dialecto que más disfrutaba era el de actividades de calidad. El énfasis se encuentra en estar juntos, hacer cosas y prestarse atención el uno al otro.

Las actividades de calidad pueden incluir cualquier cosa en la que uno o ambos tengan interés. El énfasis no está en lo que haces, sino en por qué lo haces. El propósito es experimentar juntos alguna actividad y terminarla sintiendo esto: *Se interesa por mí, estuvo dispuesto a hacer algo conmigo que disfruto, y lo hizo con una actitud positiva.* Eso es amor, y para algunas personas, es la voz más fuerte del amor.

Adéntrate en los intereses de la otra persona

Rick creció con la música *country*. En realidad, nunca asistió a un concierto, pero la radio siempre estaba encendida y siempre estaba sintonizada en la estación de música *country*. Durante algún tiempo, su sueño era asistir al *Grand Ole Opry*[1]. Después de terminar el instituto, fue a la facultad técnica local y estudió para ser analista de computadoras. Allí conoció a Katia. Hacía poco que Katia se había mudado a su ciudad desde Detroit. Nunca fue aficionada a la música *country*, pero en seguida se encariñó con Rick.

El padre de Katia era un apasionado fanático de las carreras de autos, y desde pequeña, había ido a las carreras con él. Cuando tuvo el valor suficiente para invitar a Rick para que fuera con ella y su padre a una carrera, se alegró de que aceptara. Aunque a menudo había visto carreras de autos en televisión, Rick nunca había participado en una carrera.

Conocía a Rick desde hace mucho tiempo. Un día, poco después de estar en la carrera con Katia y su padre, lo vi en la tienda *Target*. Estaba ansioso por contarme sobre la carrera, pero de inmediato agregó: «Lo más emocionante de la carrera fue estar con Katia». Vi el brillo en sus ojos, y supe que sentía algo por ella.

Varios meses después vinieron a recibir consejería prematrimonial. Una de las primeras cosas que nos contaron antes de comenzar nuestra sesión fue que el fin de semana anterior estuvieron en el *Grand Ole Opry*. Parece que un grupo de la escuela técnica se reunió y decidió que esta sería una buena manera de celebrar el final del año escolar. Rick me contó sobre las personas famosas que vio, mientras que Katia dijo: «Lo más emocionante para mí fue estar con Rick». Katia y Rick demostraban un principio fundamental. Cuando una actividad debe ser un medio para expresar amor, lo más importante no será la actividad, sino estar con la otra persona. Me animó ver que estaban dispuestos a considerar los intereses de los demás para tener tiempo el uno con el otro. Esperaba que esta expresión de amor no se detuviera cuando se casaran.

Adéntrate en el mundo del otro

Uno de los subproductos de las actividades de calidad es que la acumulación de experiencias comunes atrae a una pareja. Afortunada es la pareja que recuerda un paseo temprano por la orilla del lago, la vez que se perdieron en las calles del centro de Boston, la noche en que lo ayudó a practicar para una entrevista de trabajo al día siguiente, las noches explorando restaurantes étnicos, el tiempo que pintaron su nuevo apartamento y, ah sí, el temor de estar debajo de la cascada después de la caminata de más de tres kilómetros. Casi pueden sentir la llovizna mientras la recuerdan.

Ya sea que estés en una relación de noviazgo o una simple amistad, estas actividades de calidad no siempre son fáciles de organizar. Hará falta una planificación cuidadosa. Quizá requiera que renuncies a algunas actividades individuales. Significará que hagas algunas cosas que no disfrutas en lo particular, pero te dará los placeres de amar, entrar en el mundo de otro y aprender a hablar el lenguaje del amor de tiempo de calidad.

ASUNTOS A TENER EN CUENTA

1. *¿Hasta qué punto tus padres hablaban el lenguaje del amor de tiempo de calidad contigo y entre sí?*

2. *¿Estás lleno de energía cuando pasas tiempo de calidad con los demás, o tiendes a agotarte en lo emocional?*

3. *¿Con quién has pasado tiempo de calidad esta semana? ¿Tu tiempo para estar juntos fue sobre todo de conversaciones o actividades de calidad?*

4. *¿Sería aconsejable que le dieras tiempo de calidad a uno o a ambos padres esta semana? ¿Este mes? Si es así, ¿por qué no lo pones en tu agenda ahora?*

5. *En tu círculo de amistades, ¿quién parece estar pidiendo tiempo de calidad? ¿Es esta una relación que te gustaría mejorar? Si es así, ¿por qué no le reservas un tiempo de calidad en este momento?*

6. *¿Cómo podrías traducir «actividades de calidad / conversaciones de calidad» a la comunicación en línea?*

TOQUE FÍSICO

7

QUINTO LENGUAJE DEL AMOR:

Toque físico

Cuando éramos bebés, incluso antes de que pudiéramos gatear o comer alimentos sólidos, prosperamos gracias al amor. Numerosos proyectos de investigación en el campo del desarrollo infantil han llegado a la misma conclusión: los bebés que se cargan, abrazan y tocan con ternura desarrollan una vida emocional más saludable que los que permanecen por largos períodos sin el toque físico. Lo mismo es cierto en los ancianos. Visita algunos asilos de ancianos y verás que los residentes que reciben un toque afirmativo tienen un espíritu más positivo y casi siempre les va mejor que a esos que no los tocan. El toque físico tierno y positivo es un lenguaje fundamental del amor.

Lo que es cierto para bebés y ancianos, también lo es para los adultos solteros de todas las edades. Una joven soltera dijo: «Es gracioso que nadie dude en tocar a un bebé o acariciar a un perro extraño, pero aquí sentada, a veces muriendo por tener a alguien que me toque, nadie lo hace». Luego, se disculpó por haber dejado al descubierto sus necesidades. Concluyó: «Supongo que no confiamos en que la gente sepa el hecho de que a todos nos gusta que nos toquen, pues tememos que la gente lo malinterprete. Así que nos sentamos en soledad y aislamiento físico»[1]. He observado que miles de adultos solteros pueden identificarse con los sentimientos sinceros de esta joven.

El cuerpo está hecho para que lo toquen. De los cinco sentidos, el tacto, a diferencia de los otros cuatro, no se limita a un área localizada del cuerpo. Diminutos receptores táctiles se encuentran en todo el cuerpo. Cuando se tocan o presionan esos receptores, los nervios llevan impulsos al cerebro, el cual interpreta estos impulsos y percibimos que lo que nos toca es cálido o frío, duro o blando. Causa dolor o placer. También podemos interpretarlo como un toque amoroso u hostil.

Algunas partes del cuerpo son más sensibles que otras. Las puntas de nuestros dedos y la punta de la nariz son muy sensibles. También lo es la punta de la lengua. En cambio, la parte posterior de los hombros es el área menos sensible. La diferencia se debe al hecho de que los diminutos receptores táctiles no están distribuidos de manera uniforme en el cuerpo, sino que están dispuestos en grupos. Nuestro propósito, sin embargo, no es comprender la base neurológica del sentido del tacto, sino su importancia psicológica.

El toque físico puede generar o romper una relación. Puede comunicar odio o amor. Si el lenguaje primario del amor de la persona es el toque físico, tus toques hablarán mucho más fuerte que las palabras «Te amo» o «Te odio». Sin toques, aislarás y levantarás dudas sobre tu amor. Un abrazo tierno le comunica amor a cualquier niño, pero le grita amor al niño cuyo lenguaje primario del amor es el toque físico. Lo mismo es cierto para los adultos solteros. Cuando escuchas a un amigo que se siente deprimido y le respondes con un abrazo, declaras en voz alta: «Te quiero. Me importas, y no estás solo».

Cuando tocan tu cuerpo, te tocan de manera mucho más profunda que el simple toque físico. Cuando alguien se aparta de tu cuerpo, se distancia de ti en lo emocional. En nuestra sociedad, estrecharse las manos es una forma de comunicarle sinceridad y cercanía social a otro individuo. Cuando en raras ocasiones un hombre se niega a estrecharle la mano a otro, comunica un mensaje de que las cosas no están bien en su relación.

TODOS LOS TOQUES NO SE CREAN IGUALES

Un toque de amor puede adoptar muchas formas. Dado que los receptores táctiles se encuentran en todo el cuerpo, tocar de forma afectuosa a otro individuo en casi cualquier lugar puede ser una expresión de amor. Sin embargo, ten en cuenta que todos los toques no se crean iguales. Aprende de la persona a la que tocas lo que percibe como un toque amoroso.

Apropiado e inapropiado

En cada sociedad, hay formas apropiadas e inapropiadas de tocar a miembros del sexo opuesto. La reciente atención al acoso sexual en la cultura occidental ha resaltado el peligro de tocar a una persona del sexo opuesto de una manera que se considera sexualmente inapropiada. Este tipo de toque no solo dejará de comunicar el amor; puede resultar en problemas mucho más serios también.

Por supuesto, el abuso físico: infligir daño corporal a otro, es del mismo modo inapropiado. Entre los adultos solteros, la tasa general de violencia severa es casi cinco veces mayor para las parejas que cohabitan en comparación con las parejas casadas[2]. (Más adelante, en este capítulo, analizaremos la naturaleza y las respuestas adecuadas al abuso físico).

Implícito y explícito

Los toques de amor pueden ser implícitos y sutiles, y requieren solo un momento. A veces, Jenny le pone una mano en el hombro a su madre mientras vierte una taza de té. Otras veces le da palmaditas en la espalda mientras se da la vuelta para alejarse. Los toques explícitos, por el contrario, como un masaje en la espalda o en los pies, requieren toda tu atención. Es obvio que tales toques exigen más tiempo, no solo para el toque real, sino para el desarrollo de tu comprensión de cómo comunicarle amor a otra persona. Si un masaje de espalda le comunica con intensidad el amor a alguien que te importa, estarán bien invertidos el tiempo, el dinero y la energía que empleas en aprender a ser un buen masajista.

Los toques implícitos de amor precisan poco tiempo, pero mucho pensamiento, en especial si el toque físico no es tu lenguaje primario del amor y si no creciste en una «familia dada a los toques». Como adulto, puedes transmitirle amor a un padre o hermano de forma sencilla, pero poderosa. Sentarte cerca de mamá o papá en el sofá mientras miran juntos su programa de televisión favorito puede comunicar amor de manera profunda. Tocar a un familiar mientras caminas por la habitación en la que está sentado solo requiere un momento.

TOQUES SENSIBLES

Casi por instinto nos abrazamos en un momento de crisis. ¿Por qué? Porque el toque físico es un poderoso comunicador del amor. En tiempos de crisis, más que ninguna otra cosa necesitamos sentirnos amados. No siempre podemos cambiar los eventos, pero podemos sobrevivir si nos sentimos amados.

Los adultos solteros no están exentos de las crisis normales de la vida. La muerte de los padres es inevitable. Los accidentes automovilísticos paralizan y matan a miles cada año. La enfermedad no hace distinción de personas. Las decepciones son parte de la vida. Lo más importante que puedes hacer por un amigo en tiempos de crisis es amarlo. Si su lenguaje primario del amor es el toque físico, nada es más importante que abrazarle mientras llora. Tus palabras pueden significar poco, pero tu toque físico comunicará que te importa. Las crisis brindan una oportunidad única para expresar amor. Tus tiernos toques se recordarán mucho después que pase la crisis. Quizá tu falta de toque físico nunca se olvide.

¿Cuántos adultos solteros exitosos abandonarían su reino para tener un abrazo genuino y tierno de parte de su padre? Una palmadita en la espalda, un beso en la mejilla, un toque suave en el brazo, tomarse de las manos y abrazarse son todos dialectos del lenguaje del amor del toque físico. Julia reveló su propio lenguaje primario del amor cuando dijo: «Una de las cosas que más me gusta de mi iglesia es que la gente es muy cariñosa. Cuando salgo de la iglesia, mi tanque de amor está lleno. Puedo pasar una semana difícil sabiendo que la gente de mi iglesia me ama».

Por otro lado, algunos adultos solteros tal vez no respondan de manera positiva al toque físico. Si cuando le das una palmadita en la espalda a un compañero de trabajo se pone tenso y se aparta, está comunicando que el toque físico no es su lenguaje primario del amor. Sin embargo, otra persona en la misma oficina puede sentirse afirmada por tu palmadita en la espalda. El propósito del amor es mejorar el bienestar de otro, no satisfacer tus propios deseos. Por lo tanto, aprender a hablar el lenguaje primario del amor de otra persona es la forma más eficaz de amar a otros.

EL TOQUE FÍSICO Y LA SEXUALIDAD

No podemos considerar el toque físico como un lenguaje del amor emocional sin también analizar cómo esto afecta la sexualidad humana. Tampoco podemos considerar el toque físico sin reconocer cómo las costumbres sexuales del siglo XXI influyen en nuestras formas de tocar. El adulto soltero de hoy vive en la secuela cultural de la revolución sexual que comenzó hace medio siglo.

El resultado de la revolución

Entonces, ¿qué tan bien ha resultado? Glenn Stanton, un analista de investigación social y autor de *The Ring Makes All the*

Difference, dice: «Con el gran divorcio entre el matrimonio y la sexualidad, el sueño de una vida sexual satisfactoria es más elusivo para más personas de lo que fuera en cualquier época en la historia de nuestra nación». Su conclusión es que «el sexo no necesita liberación, sino que solo debe confinarse a su ámbito apropiado y más productivo. Décadas de investigación demuestran que ese lugar es un matrimonio monógamo de por vida»[3].

Estudios recientes revelan que casi la mitad de las mujeres de entre quince y cuarenta y cuatro años de edad han cohabitado como su «primera unión»[4]. Numerosos proyectos de investigación han hecho añicos la idea común de que la convivencia conducirá a un matrimonio más saludable. Estos estudios, realizados en varios países occidentales como Canadá, Suecia, Nueva Zelanda y Estados Unidos, revelan que quienes cohabitan antes del matrimonio tienen tasas de divorcio sustancialmente más altas que quienes no cohabitan. Es más, las tasas oscilan entre un cincuenta a cien por ciento más altas[5].

La profesora Jan Stets, de la Universidad Estatal de Washington, y una de las investigadoras más destacadas sobre el tema de la cohabitación, concluyó: «Las parejas que cohabitan, en comparación con las parejas casadas, tienen relaciones menos saludables. Poseen menor calidad en la relación, menor estabilidad y un mayor nivel de desacuerdos»[6].

La búsqueda de significado en el sexo

La idea popular es que el sexo es una necesidad biológica al mismo nivel que la sed. Si tienes sed, bebes agua. Si tienes hambre, ingieres alimentos. Si tienes deseo sexual, lo satisfaces. Sin embargo, el hecho es que ninguno de nosotros cree de veras eso. Podemos beber agua y comer en cualquier restaurante del país, pero tener relaciones sexuales cuando sea, donde sea y con quien sea, no satisface el profundo anhelo del alma humana por una relación sexual exclusiva.

Una importante encuesta nacional sobre el sexo realizada por la Universidad de Chicago reveló que el noventa y cinco por ciento de los cohabitantes y el noventa y nueve por ciento de las personas casadas esperaban que su pareja les fuera sexualmente fiel[7]. Algo en lo profundo de nuestro ser dice: «El sexo es íntimo y debería disfrutarse con alguien con quien se tenga un profundo compromiso».

Cuando nuestra relación sexual no es exclusiva, nos sentimos violados. La realidad es que los hombres casados son mucho más propensos a serles fieles a sus esposas que los hombres que cohabitan con sus parejas. Las investigaciones indican que el hombre que cohabita es cuatro veces más propenso a ser infiel que el casado, y la mujer que cohabita tiene ocho veces más probabilidades de serle infiel a su «amante» que una casada[8].

Hay una razón por la que el cristianismo y la mayoría de las principales religiones del mundo tienen en alta estima la sexualidad humana, al no considerarla como un impulso biológico a nivel de la sed, sino como un regalo de Dios para expresarse de manera plena y libre entre un hombre y una mujer comprometidos el uno con el otro por el pacto del matrimonio. Toda la investigación sociológica, antropológica y psicológica de los últimos cincuenta años ha validado este punto de vista de la sexualidad humana.

Hay una razón por la que el cristianismo y la mayoría de las principales religiones del mundo tienen en alta estima la sexualidad humana.

El adulto soltero en la sociedad contemporánea debe elegir entre una expresión sexual desinhibida o reservar la relación sexual para la persona con la que uno está dispuesto a comprometerse de por vida. Esta no es una elección menor. Afecta tu salud física y emocional, así como tu satisfacción sexual, en los años venideros.

TOQUES APROPIADOS: EL MISMO SEXO Y EL SEXO OPUESTO

Una vez hecho este importante y necesario paréntesis en nuestro análisis del lenguaje del amor del toque físico, permíteme regresar ahora para decir que hay muchos dialectos apropiados que son afectuosos y positivos en los que uno puede expresarles el lenguaje del amor del toque físico a personas del sexo opuesto. Esto puede ocurrir en una relación de noviazgo, una amistad o entre compañeros de trabajo.

El lenguaje del amor del toque físico también puede hablarse con personas del mismo sexo. Tales expresiones son de amor sincero y aprecio por un amigo, un compañero de cuarto o alguien con quien interactúas en un contexto profesional o social. El énfasis de este capítulo y de este lenguaje del amor tiene mucho que ver con expresarles el amor emocional a los demás mediante la afirmación del toque físico.

Aprende a tocar

Sin embargo, para algunos adultos solteros, dar y recibir amor a través del toque físico no será fácil. Sus vidas se han visto marcadas por el abuso físico o sexual cuando eran niños o adolescentes. Para estas personas, la consejería cristiana ofrece los medios más eficaces para sanar los recuerdos de abuso del pasado. Sin tal sanidad interna, será muy difícil para la mayoría de las personas entablar relaciones saludables a largo plazo.

Otros solteros no están traumatizados por el abuso físico y sexual, pero crecieron en familias que no «tocaban». Por lo tanto, la idea general del toque físico les parece una invasión del espacio personal y les resulta incómodo en lo emocional. Para estos solteros, solo es una cuestión de aprender a hablar un nuevo lenguaje del amor.

«No soy una persona "dada al toque"»

—En realidad, no soy una persona "dada al toque" —me dijo Marta, una soltera de veinticuatro años que nunca se había casado—. No siempre me gusta la gente que me abraza, y de seguro que no inicio los abrazos para otros. Supongo que se debe a la forma en que me criaron. En mi familia, nos amábamos, pero no nos tocábamos mucho.

»El problema es que estoy saliendo con un chico que me gusta de veras, pero se está quejando porque no parezco interesada en los besos y abrazos. No me importa besarnos si siento mucha pasión, pero abrazarlo cada vez que lo veo o tomarnos de la mano en público, no me parece natural.

Sabía que Marta tenía que afrontar una curva de aprendizaje muy marcada, pero esperaba que su deseo de continuar con esta relación la estimulara a aprender a hablar el lenguaje del amor del toque físico. Después de explicarle los cinco lenguajes del amor y de que cada persona tiene un lenguaje primario del amor, Marta exclamó:

—¡Bueno, de seguro que mi lenguaje del amor no es el toque físico!

—¿Cuál es tu lenguaje primario del amor? —le pregunté.

—Creo que es el de palabras de afirmación —dijo—. En realidad, me siento bien cuando Juan me dice lo bonita que soy o hace algún comentario sobre algo que llevo puesto. Tal vez sea por eso que me molesta tanto cuando se queja de mi falta de iniciativa en tocar lo suficiente, como abrazar o besar. Me pareció que ponía demasiado énfasis en tocar. Era como si eso fuera todo lo que le importara. Sin embargo, quizá el toque físico sea su lenguaje primario del amor.

Me di cuenta de que Marta iba a aprender rápido, así que dije:

—Si el toque físico es el lenguaje primario del amor de Juan, ¿te gustaría aprender a hablarlo?

—Sí —dijo—, pero no estoy segura de poder ser una persona que "toque".

—No tienes que cambiar lo que eres —le dije—. Pero puedes aprender a hablar cualquiera de los cinco lenguajes del amor, y de veras puedes aprender a hablar el lenguaje del toque físico.

—¿Cómo puedo hacer eso?

—Intentándolo. Los lenguajes se aprenden una palabra a la vez o, en este caso, un toque a la vez. ¿Por qué no comienzas abrazando a tus padres la próxima vez que los veas? —le sugerí.

—¿Quiere decir que solo me acerco y los abrazo? —preguntó.

—Sí. ¿Crees que puedes hacer eso?

—Supongo que sí —dijo—, pero no sé cómo responderán.

«Aprende al hacerlo»

—Eso no importa mucho —le dije—. Estás tratando de aprender a hablar el lenguaje del toque físico y lo aprendes al hacerlo. Es más, te sugiero que, durante los próximos dos meses, cada vez que veas a tus padres los abraces cuando llegues y los abraces cuando te vas. Sabemos que abrazarlos no los lastimará, y de seguro que te ayudará a comenzar a sentirte un poco más cómoda al hablar el lenguaje del amor del toque físico.

»Entonces, puedes comenzar a dirigir tu atención a Juan. Tomarle de la mano al salir del automóvil y al dirigirse hacia el centro comercial puede ser difícil la primera vez que lo hagas, pero será más fácil la segunda vez. Al final de la tarde, inicia un abrazo y al menos un beso en la mejilla. Cuanto más lo hagas, más cómoda te sentirás.

Marta parecía un poco indecisa.

—Está bien —dijo—, lo intentaré, y veré lo que sucede.

Fue una breve conversación, pero esperaba que la fuerte motivación de Marta para mejorar su relación con Juan la alentara a probar lo que le sugerí.

La próxima vez que vi a Marta, me dijo:

—Está dando resultado. Incluso está ayudando en mi relación con mis padres. La primera vez que abracé a mi madre, fue como abrazar un asta de la bandera. Ahora, me está abrazando.

—¿Cómo está tu relación con Juan? —le pregunté.

—Está genial. Estoy tocando más, y tomando la iniciativa. Además, comienzo a sentirlo más cómodo para mí. Juan es un gran hombre.

—Supongo que te está dando palabras de afirmación —le dije.

—Ah, sí, y ya no se queja —dijo Marta.

Las buenas noticias sobre los cinco lenguajes del amor es que todos se pueden aprender. Por lo tanto, puedes profundizar todas tus relaciones aprendiendo y hablando el lenguaje primario del amor de una persona. Tener fluidez en el lenguaje del amor del toque físico también requiere que seas sensible a los deseos de la otra persona. La *hora*, el *lugar* y la *manera* en que tocas son todos importantes.

EL TIEMPO LO ES TODO

El tiempo está determinado en gran medida por el estado de ánimo y el deseo de la otra persona. Una madre soltera dijo: «Puedo decir si mi hijo quiere que le toquen cuando cierra la puerta al entrar en la casa. Si da un portazo, su estado de ánimo es de "no me toques". Si se toma el tiempo para cerrar la puerta en silencio, dice: "Estoy dispuesto para un toque, mamá"». Otra madre soltera dijo: «Puedo decir que mi hija no quiere que la toquen por la distancia en que está cuando habla. Si se para al otro lado de la sala mientras habla, sé que no quiere que la toquen, pero si se acerca y se queda cerca de mí, sé que está dispuesta para un toque amoroso».

A menudo, las personas comunican su estado de ánimo mediante su lenguaje corporal: cuán cerca están de ti, o si se cruzan de brazos, por ejemplo. Observar el lenguaje corporal te indicará el momento apropiado para tocar a los demás. Casi siempre es inapropiado tocar a alguien cuando está enojado. El enojo es una emoción que aleja a las personas unas de otras. Si intentas abrazar a una persona cuando está enojada, lo más probable es que te rechace. Aquí es donde el toque físico puede aparecer como un esfuerzo por controlar; ataca la necesidad de independencia de la persona. Y se apartará de tu toque.

Los toques suelen ser apropiados después que una persona logra algo importante. Es un medio de celebrar la victoria. Esto se observa a menudo en el campo deportivo, pero resulta igual de bien en la oficina o en una relación de noviazgo. Por otra parte, los tiempos de fracaso también son momentos para expresar el lenguaje del amor del toque físico. Cuando las personas se desaniman porque no han estado a la altura de su potencial, el toque físico puede comunicarles amor y preocupación genuinos.

SABER CUÁNDO

También es importante saber el contexto adecuado para tocar. Esta es una cuestión de entorno, no de sexualidad. El niño de diez años recibía con agrado el abrazo de su madre después que terminaba cada partido de fútbol de la división de menores. Corría hacia donde estaba su madre, y esperaba sus palabras positivas y su toque afirmativo. En cambio, a los dieciséis años, cuando termina el juego de la universidad, no buscará a su madre ni esperará que ella lo busque a él. Las madres y los padres solteros buscarán lugares apropiados para afirmar a sus niños y adolescentes a través de este lenguaje del amor.

Lo mismo es cierto en las relaciones de pareja. Abrazarse y besarse cuando los dos están solos es muy diferente a abrazarse y besarse en un centro comercial abarrotado. Lo que es apropiado en un lugar, puede que no lo sea en otro. La clave es respetar los deseos de la persona con la que tienes un noviazgo. Forzar el toque físico en lugares donde no se sienten cómodos no es una expresión de amor, sino de egoísmo. Lo que nos lleva a la forma en que se expresa el toque físico.

SABER CÓMO

Aquí no solo hablamos de los tipos de toques que damos, sino de la manera en que los damos. Existen numerosas formas de expresar afecto por el toque físico. Abrazos, besos, frotaciones en la espalda, palmadas, toques tiernos, masajes, e incluso pulsear, son todas formas apropiadas para hablar el lenguaje del amor del toque físico. Sin embargo, el proceso no es tan simple como parece. No a todos les gustan los mismos tipos de toques. A algunas personas les gusta una mano en su hombro y a otras no. Cada individuo es único. Si quieres tener éxito en las relaciones, no solo debes aprender el lenguaje del amor, sino también el dialecto en el que la otra persona recibe mejor el amor.

Si la persona con la que sales no disfruta de los masajes en los hombros, sería un error forzar esa clase de toque solo porque a ti te guste el masaje de hombros. No debemos forzar nuestro propio lenguaje del amor con otra persona; más bien, debemos aprender a hablar su lenguaje del amor. Si la persona con la que sales dice: «No me gusta eso», en respuesta a tus esfuerzos por tocarla físicamente, no sigas adelante y busca otro método de toque físico. Insistir en continuar con esos toques es comunicar lo opuesto al amor. Estás diciendo que no eres sensible a sus necesidades.

No cometas el error de creer que lo que te gusta a ti es lo que le gusta a todos los que te rodean. El concepto completo de los cinco lenguajes del amor es aprender a hablar el lenguaje del otro, no solo a perfeccionar el tuyo. Lo que hace que la otra persona se sienta amada es la clave. Si el toque físico es su lenguaje primario del amor, debes encontrar los tipos particulares de toques que le comunican el amor. Sería mucho más fácil amar, aunque mucho más aburrido, si todos se sintieran amados de la misma manera. El proceso de amar se complica por las preferencias de la otra persona.

Sería mucho más fácil amar, aunque mucho más aburrido, si todos se sintieran amados de la misma manera.

Por lo visto, es de suma importancia el clima emocional en el que das toque físico. Si le das una palmada a una persona en el hombro porque estás frustrado con su comportamiento, no se sentirá amada. Sin embargo, el mismo toque en un contexto diferente puede ser una expresión genuina de amor.

TOQUE FÍSICO INAPROPIADO

Me gustaría que no tuviera que escribir los siguientes párrafos. Me gustaría que los términos *abuso físico* y *abuso sexual* no fueran tan comunes en nuestra sociedad. En cambio, la realidad es que un número significativo de solteros experimentan abusos en las relaciones de pareja, sobre todo en las relaciones de convivencia. Vemos los ejemplos más dramáticos en los medios, pero muchas personas sufren en silencio, y algunas veces sus amigos y familiares más cercanos ni siquiera son conscientes del abuso.

Abuso físico

En *Los 5 lenguajes del amor de los jóvenes*, definí el abuso físico de esta manera:

> El abuso físico produce un daño físico al golpear, dañar, patear, etc., por ira más que por juego. La palabra clave es ira. Algunos [solteros] no han aprendido nunca a manejar la ira de manera constructiva. Cuando se enojan por el comportamiento del joven, al torrente de palabras violentas le sigue la violencia física. Bofetadas, empujones, empellones, causar asfixias, sujetar, zarandeos y golpes son comportamientos abusivos [...] Donde ocurre esto, podemos estar seguros que [no se expresa el amor]. Las palabras positivas y las expresiones de afecto físico que sigan a estas explosiones de ira le parecerán huecas [...] El corazón [humano] no se recuperará con mucha facilidad de semejante *maltrato* físico[9].

Una disculpa sincera y honesta no es suficiente. El individuo abusador debe buscar ayuda para romper esos patrones destructivos y aprender habilidades positivas a fin de controlar la ira. La ira explosiva no desaparecerá con el paso del tiempo. Si sales con alguien que es físicamente abusivo, te alentaría a que rompieras la relación e insistiría en que la persona reciba consejería por su comportamiento. Si no eres lo bastante fuerte en lo emocional como para hacer esto, te animaría a que busques consejería personal, y obtengas la fortaleza emocional y el conocimiento necesarios de modo que puedas tomar medidas constructivas para protegerte de tal abuso. No sirves a la causa del amor cuando permites que continúe el comportamiento abusivo.

Abuso sexual

El abuso sexual es aprovecharse de una relación a fin de obtener favores sexuales para satisfacer los propios deseos sexuales. Cuando se obliga a una persona a realizar actos sexuales que no desea, se abusa sexualmente de ella. El abuso sexual también puede ocurrir en otros entornos (no solo en una relación de pareja); a veces se produce en el contexto del abuso de las drogas u otro comportamiento adictivo.

Algunos adultos solteros están tan desesperados por el amor emocional que permiten que los traten como objetos sexuales en lugar de personas.

Repito, animo a esos solteros a que busquen consejería individual para obtener la energía emocional y el respeto por sí mismos, de modo que detengan la conducta abusiva. Cualquier comportamiento sexual forzado es lo opuesto al amor. No es nada más que la gratificación propia. El abuso sexual durante un tiempo engendra amargura, odio y, a menudo, depresión. A veces, tales emociones estallan en un comportamiento violento.

El primer paso es reconocer este comportamiento como indebido. El segundo paso es buscar consejería profesional, contar el problema y comenzar el proceso de sanidad. Sí, un paso tan audaz será costoso, puede provocar vergüenza, puede interrumpir tu relación de noviazgo y puede generarte estrés emocional. Sin embargo, no hacerlo será más costoso a largo plazo.

El lenguaje del amor del toque físico nunca usa la fuerza, sino que siempre busca la manera, el tiempo y el lugar apropiados para expresar el toque de afirmación. El toque físico es uno de los lenguajes fundamentales del amor, y vale la pena el tiempo, la energía y el esfuerzo necesarios para aprender a hablar este lenguaje de forma eficiente.

Algunas partes de este capítulo se adaptaron de Los 5 lenguajes del amor, *capítulo 7.*

ASUNTOS A TENER EN CUENTA

1. *¿Qué tipos de toque físico consideras afirmativos?*
2. *¿Qué tipo de toques te hacen sentir incómodo?*
3. *¿Hasta qué punto tus padres te hablaron el lenguaje del amor del toque físico? ¿Y el uno con el otro?*
4. *En tu círculo de amistades, ¿quiénes son los que «tocan»? A las personas cuyo lenguaje primario del amor es el toque físico, casi siempre les gusta que les toquen. ¿De qué manera podrías corresponderle a su amor?*
5. *Al recordar el día de hoy o de ayer, ¿qué tipos de toques físicos les diste a los demás? ¿Cómo parecían responder?*
6. *Si tocar te resulta fácil, ¿con quién te has encontrado que pareció retroceder al tocarle? ¿Por qué crees que esto es verdad?*

LOS 5 LENGUAJES DEL amor
EDICIÓN PARA SOLTEROS

8

TÚ VAS PRIMERO:

Descubre tu lenguaje primario del amor

Los animales no se sientan alrededor de las fogatas de campamentos ni inventan historias de experiencias pasadas, dificultades presentes y deseos futuros. Sin embargo, la gente lo hace. Una de las cosas que diferencian al hombre de los animales es su habilidad para comunicarse a través de las palabras. El lenguaje es distintivamente humano.

Otro elemento de los lenguajes es que son diversos en extremo. Recuerdo que me sentaba en el laboratorio de lingüística intentando hacer grabaciones fonéticas de los sonidos de un lenguaje que no había escuchado nunca. Incluso, cuando grababa sonidos, no tenían ningún sentido para mí. No me comunicaban nada, porque no entendía el significado de las palabras.

Todos crecemos aprendiendo a hablar el lenguaje de nuestra cultura. Si creciste en un entorno multicultural, es posible que puedas hablar varios idiomas. Sin embargo, el primer lenguaje que aprendiste a hablar, casi siempre es el de tus padres, será tu lengua primaria o materna. A veces se le llama el «lenguaje del corazón». Tu lengua materna es la que mejor comprendes y la que te comunica con más claridad. Puedes hablar con mucha fluidez una segunda lengua o hasta una tercera, pero siempre será parcial a tu lengua materna.

Lo mismo es cierto cuando hablamos de los lenguajes del amor. De los cinco lenguajes fundamentales, cada uno de nosotros tiene un lenguaje primario del amor. Se trata del que nos habla de manera más profunda en lo emocional. Después de escuchar acerca de los cinco lenguajes del amor: palabras de afirmación, regalos, actos de servicio, tiempo de calidad y toque físico, algunos solteros reconocerán de inmediato su propio lenguaje primario del amor. Otros, debido a que nunca pensaron en el amor según este paradigma, no estarán seguros de su lenguaje primario del amor.

¿CUÁL ES EL TUYO?

Por lo general, dos categorías de personas luchan por descubrir su lenguaje primario del amor. La primera es la de solteros que siempre se han sentido amados y que recibieron de sus padres los cinco lenguajes del amor. Hablan los cinco con bastante fluidez, pero no están seguros de cuál sea el que les hable de manera más profunda. La otra categoría está compuesta por solteros que nunca se han sentido amados. Crecieron en familias muy disfuncionales y nunca estuvieron seguros del amor de sus padres ni de otros adultos significativos en su vida. No saben qué lenguaje los haría sentir amados, porque no están de veras seguros de lo que significa sentirse amado. Este capítulo está diseñado para ayudar a las personas que no están seguras de su lenguaje primario del amor. Aun así, ten en cuenta que las siguientes páginas deberían ser útiles para que todos los demás perfeccionen sus propias habilidades lingüísticas también.

1. Observa tu propio comportamiento

Entonces, ¿cómo descubres tu lenguaje primario del amor? Es probable que sea mejor comenzar preguntándote: *¿Cómo* *expreso más amor y agradecimiento hacia otras personas?* Si casi siempre te escuchas alentando a los demás al darles palabras de afirmación, tal vez ese sea tu lenguaje primario del amor. Haces por otros lo que desearías que hicieran por ti. Si eres uno de los que das palmaditas en la espalda, estrechas las manos o uno que tocas los brazos, tal vez tu lenguaje del amor sea el de toque físico. Si a menudo les obsequias regalos a otras personas en fechas especiales y también sin ningún motivo, los regalos quizá sean tu lenguaje primario del amor. Si eres el que tomas la iniciativa de planear citas para el almuerzo o invitas personas a tu casa para la noche, puede ser que el tiempo de calidad sea tu lenguaje del amor. Si eres el tipo de persona que no espera hasta que alguien le pregunte, sino que observa lo que se debe hacer, intervienes y lo haces, es probable que los actos de servicio sean tu lenguaje primario del amor.

Ten en cuenta que uso las palabras *quizá*, *puede ser* y *es probable*. La razón por la que no soy terminante es porque mi investigación indica que lo típico es que alrededor del veinticinco por ciento de los adultos hablan un lenguaje del amor, pero desean recibir otro lenguaje. Por otro lado, para más o menos el setenta y cinco por ciento de nosotros, el lenguaje que deseamos es el que hablamos con mayor frecuencia. Amamos a los demás de la manera en que nos gustaría que nos amaran.

2. Observa lo que pides de los demás

Si casi siempre les pides a tus amigos que te ayuden con proyectos, los actos de servicio quizá sean tu lenguaje del amor. Si descubres que les dices a los amigos que se van de viaje: «Asegúrate de traerme algo», es probable que tu lenguaje del amor sea el de los regalos. Si le pides a un amigo cercano que te dé un masaje en la espalda, o si expresas con bastante libertad: «¿Podrías darme un abrazo?», tal vez el toque físico sea tu lenguaje primario del amor. Si a menudo les pides a tus amigos que vayan de compras contigo, que hagan juntos un viaje o que vengan a cenar a tu casa, estás pidiendo tiempo de calidad. Si te escuchas preguntando: «¿Esto se ve bien? ¿Hice el informe de la manera que lo deseabas? ¿Crees que hice lo que debía?», estás pidiendo palabras de afirmación.

Nuestras peticiones tienden a indicar nuestras necesidades emocionales. Por lo tanto, observar lo que les pides a los demás puede revelar con claridad tu lenguaje primario del amor.

3. Escucha tus quejas

Las cosas de las que te quejas (ya sean las que expresas con palabras o que solo tengas en mente) pueden ser muy reveladoras para descifrar tu lenguaje primario del amor.

Braulio tenía unos seis meses en su primer trabajo después de la universidad cuando le pregunté:

—¿Cómo van las cosas?

—Supongo que vayan bien. Parece que nadie aprecia de veras lo que hago, y que lo que hago nunca es suficiente.

Sabiendo que estaba familiarizado con los cinco lenguajes del amor, le dije:

—Tu lenguaje primario del amor es el de palabras de afirmación, ¿verdad?

Él asintió con la cabeza y dijo:

—Sí, y me imagino que por eso es que no estoy tan feliz con mi trabajo.

La queja de Braulio reveló con claridad su lenguaje primario del amor.

Si te quejas de que tus amigos ya no tienen tiempo para ti, es probable que tu lenguaje del amor sea tiempo de calidad. Si te quejas de que solo un amigo te dio un regalo de cumpleaños, es probable que tu lenguaje sea el de los regalos. Si te quejas de no haber tenido un buen abrazo en los últimos dos meses, es probable que el toque físico sea tu lenguaje. Si tu queja es que nunca nadie te ayuda y se espera que tú lo hagas todo, quizá los actos de servicio sean tu lenguaje del amor. Nuestras quejas revelan nuestros profundos dolores emocionales. Es probable que lo contrario a lo que más te duele sea tu lenguaje del amor. Si recibes amor en ese lenguaje, el dolor desaparecería y te sentirías apreciado.

4. Haz las preguntas adecuadas

Si en la actualidad cuentas con una relación de noviazgo, tienes una gran oportunidad para descubrir tu lenguaje primario del amor. Hazte y responde las siguientes preguntas: «¿Qué es lo que más me gusta de la persona con la que salgo? ¿Qué hace o dice esa persona que me hace desear estar a su lado?». Tus respuestas serán muy esclarecedoras.

Otro enfoque sería preguntarte: «¿Cuál sería el cónyuge ideal para mí? Si pudiera tener la pareja perfecta, ¿cómo sería?». La imagen que tengas de una pareja perfecta debería darte una idea de tu lenguaje primario del amor.

Si en la actualidad no tienes una relación sentimental, puedes preguntar: «¿Qué es lo que más quiero en una amistad?». Completa la siguiente oración: «Un amigo ideal sería ________». Tal vez tu respuesta revele tu lenguaje primario del amor.

5. El perfil del lenguaje del amor

También puedes usar el perfil del lenguaje del amor que aparece al final de este libro. Este perfil te pide que elijas entre dos opciones y que anotes tu respuesta en la columna correspondiente. Los resultados te ayudarán a descubrir tu lenguaje del amor.

¿QUÉ LENGUAJE DEL AMOR TIENEN OTROS?

Descubrir tu propio lenguaje del amor te ayuda a comprender por qué te sientes más querido y apreciado por ciertas personas que por los demás. Sin embargo, ¿qué sucede con el otro lado de la moneda? De seguro que hay satisfacción en recibir amor, pero también hay mucha satisfacción en dar amor (tal vez incluso más). Si quieres ser alguien que ama con eficiencia, debes aprender a descubrir los lenguajes primarios del amor de otras personas.

Entonces, ¿cómo logras resolver esto? No puedes acercarte y decir: «¿Cuál es tu lenguaje primario del amor?», a menos que, por supuesto, hayan leído el libro y quieran analizarlo. Vamos a suponer que te gustaría descubrir el lenguaje del amor de tus padres, hermanos, compañeros de trabajo, amigos o alguien con quien tengas una relación sentimental.

¿Que ves?

Comencemos con lo obvio. Puedes tomar los enfoques sugeridos en la primera mitad de este capítulo, a fin de descubrir tu propio lenguaje primario del amor. Eso implicaría observar cómo expresan amor otras personas. Si observas que tu padre les expresa actos de servicio a tu madre y a otras personas, quizá los actos de servicio sean su lenguaje primario del amor. Por otro lado, si te recibe con un abrazo cada vez que vas a casa, es probable que su lenguaje del amor sea el toque físico. Si casi siempre tu compañero de trabajo da palabras de afirmación y aprecio a los demás, tal vez ese sea su lenguaje del amor. Para muchas personas, este no es un código difícil de descifrar. Para otras, que no son tan libres en sus expresiones de amor, es posible que te cueste más atraparlas expresando amor.

Por lo tanto, podrías preguntarte: «¿De qué se quejan con mayor frecuencia?». Si tu compañero de cuarto dice de vez en cuando cosas como: «Necesito un poco más de ayuda por aquí» o «Me estoy cansando de recoger tu toalla mojada», quizá su lenguaje del amor sea el de actos de servicio. Si tu novio dice con un poco de frustración: «Nunca inicias un beso. Solo un beso en la mejilla sería un buen punto de partida», te revela que el toque físico es su lenguaje primario del amor. Si tu novia dice: «Para ser sincera, me molesta que no me enviaras nada en mi cumpleaños», y tu respuesta es: «Te invité a cenar. ¿No cuenta eso?», puede que te responda: «Sí, y lo aprecio. Pero quería *algo* que me recordara el día». Con esto te revela la importancia de los regalos.

El tercer enfoque sería observar lo que solicitan más a menudo. La madre que pregunta: «¿Podrías venir a almorzar este domingo?», está pidiendo tiempo de calidad. El compañero de trabajo que dice: «Cuando vayas a la conferencia, ¿podrías escoger algunos de los "regalos" que dan para mí?», está solicitando regalos. El compañero de cuarto que dice: «¿Podrías entregar el cheque del alquiler hoy?», está pidiendo actos de servicio.

Nada de esto es demasiado difícil ni doloroso; solo requiere una mentalidad observadora y un deseo de amar a los demás de manera eficaz. Observar su comportamiento y escuchar sus quejas y peticiones bien pueden mostrarte el lenguaje primario del amor de otros.

El descubrimiento de Amanda: No temas hacer preguntas

Hay otras maneras de descubrir el lenguaje primario del amor de una persona. Una de las formas más convincentes es haciendo preguntas. Si deseas saber lo que pasa por la mente de otra persona, haz preguntas. Las preguntas deben elegirse bien y deben ser expresiones de verdadero deseo de información.

Por ejemplo, Amanda le dijo a su madre:

—Mamá, lo he estado pensando, y este año, en mi cumpleaños, me gustaría hacer algo especial que te exprese mi agradecimiento por darme la vida. Quiero que lo pienses, y la próxima semana, quiero que me digas lo que desearías que haga.

—Cariño, no necesitas hacer nada por mí. Sé que me aprecias.

—Bueno, esperaba que lo supieras, gracias por decírmelo —dijo Amanda—, pero quiero hacer algo especial para ti, así que piénsalo.

El próximo sábado, cuando Amanda pasó por allí para ver a su madre, la encontró trabajando en el jardín. Su madre terminó lo que hacía, se lavó las manos con la manguera y dijo:

—Tengo un poco de limonada fría adentro.

Mientras entraban a la casa, Amanda comentó lo hermoso que estaba el jardín de su madre.

—Ha llovido mucho este verano —dijo su madre.

—¿Has pensado en lo que te pregunté la semana pasada sobre mi cumpleaños? ¿Qué te gustaría que haga? —le preguntó Amanda a su madre mientras bebían la limonada. No estaba preparada para lo que dijo su madre.

—Mandy, esto quizá sea pedir demasiado, pero si de veras quieres hacer algo que me haría feliz, me gustaría que pasáramos juntas un día entero, desde temprano en la mañana hasta tarde en la noche. Solo nosotras. Podemos ir de compras. Podemos dar un paseo por el parque como solíamos hacer cuando eras pequeña. Podemos salir a almorzar, o solo podemos sentarnos en la casa todo el día. No me importa lo que hagamos. Me gustaría volver a pasar todo un día contigo como cuando crecías. No tiene que ser en tu cumpleaños. Puede ser antes o después.

Si la intención de Amanda era descubrir el lenguaje primario del amor de su madre, hizo su descubrimiento. En voz alta y clara su madre dijo: «El tiempo de calidad es mi lenguaje del amor». Y aprendió con solo preguntarle a su madre qué regalo le gustaría más.

Más tarde, Amanda reflexionó sobre su conversación. Se dio cuenta de que, desde que se mudó a la ciudad después de abandonar el ejército, solo estaba muy poco tiempo con su madre. Pasaba a verla casi todas las semanas, pero a menudo solo era una visita de quince a treinta minutos. Después de pensarlo un poco más, recordó los comentarios que hacía su madre alguna vez que otra: «¿No puedes quedarte un poco más?». Recordar estas palabras le confirmó que el tiempo de calidad era el lenguaje primario del amor de su madre.

El descubrimiento de Débora: Los buenos regalos son diferentes para todos

A los cincuenta y seis años de edad, Débora volvió a ser de repente una adulta soltera. Solo nueve meses antes, su esposo murió en un accidente automovilístico. En un intento por sacarla de la casa, un amigo la invitó a una reunión de solteros adultos donde hablaba yo.

«En realidad, no quería venir a esta reunión», me dijo más tarde. «No me siento como una adulta soltera. Siento que todavía estoy casada. Solo que mi esposo ya no está aquí. Sin embargo, me alegro de haber venido», dijo. «Nunca había escuchado acerca de los lenguajes del amor. Creo que necesito aplicar esto en la relación con mi hijo».

Débora tenía un hijo, Brett, que ahora tenía treinta y dos años. Se casó justo después de la universidad y se divorció dos años después. Desde entonces, vivía solo y los contactos que establecía con sus padres eran esporádicos. Sin embargo, desde la muerte de su padre, se presentaba con más frecuencia, y Débora esperaba que pudieran tener una relación más cercana. «Creo que necesito descubrir su lenguaje del amor», dijo Débora. Le sugerí que le diera a Brett la oportunidad de mostrar su lenguaje del amor respondiendo a la siguiente declaración: «Desde que tu padre murió, solo quedamos tú y yo. Has sido tan servicial conmigo en estos últimos meses que me gustaría hacer algo para mostrarte cuánto aprecio lo que has hecho. ¿Qué puedo hacer?».

Más tarde, recibí un correo electrónico de Débora: «Ya descubrí el lenguaje del amor de Brett. Es evidente que se trata de actos de servicio». Su respuesta a la pregunta inicial de su madre fue: «Mamá, lo mejor que podrías hacer por mí sería coser algunos botones en mis camisas. Debo tener una docena de camisas a las que les faltan botones. Sé que tienes un cajón lleno de botones ahí adentro. Tal vez encuentres algunos que combinen y que puedan hacer que las camisas sean útiles de nuevo».

«Una docena resultó ser quince», dijo Débora, «y también he cosido botones en seis pantalones y cuatro abrigos. Hace poco, me preguntó si me gustaría ir a su casa y mostrarle cómo quitar las manchas de su alfombra. Siento que me está dejando volver a su vida otra vez. No quiero inmiscuirme demasiado, así que solo respondo a las peticiones específicas que me hace. A pesar de eso, puedo decir que está agradecido por lo que estoy haciendo. Siento que estoy hablando su lenguaje del amor».

Experimenta un poco

Otra manera de descubrir el lenguaje primario del amor de alguien es probando algunas cosas diferentes y viendo qué tal resultan. Como no conoces el lenguaje primario de la persona, y tal vez no estés lo bastante cerca como para formular una pregunta sincera, solo enfócate en un período expresando uno de los cinco lenguajes del amor y observa cómo responde la persona. Por ejemplo, puedes elegir una semana y concentrarte en palabras positivas, por lo que tu objetivo es hablar al menos una palabra de afirmación a la persona cada día. La próxima semana le das a la persona una o dos muestras pequeñas de agradecimiento como regalos. Podría ser una tarjeta de regalo de la cafetería *Starbucks* de cinco dólares o una tarjeta divertida que escogieras pensando en la persona.

A la semana siguiente, trata de tener al menos una conversación extensa con la persona, hablando el lenguaje del amor de tiempo de calidad. Luego, la próxima semana, te centrarás en encontrar algo que puedas hacer por la persona, sería bueno que fuera algo que escucharas mencionarle que le gustaría que alguien hiciera por ella. La última semana le das toques apropiados (es obvio que lo de «apropiado» dependerá de la naturaleza de la relación).

«Siento que me está dejando volver a su vida otra vez».

La semana en que estés hablando el lenguaje primario del amor de la persona, observarás una diferencia en su respuesta hacia ti. Sus ojos se iluminarán, parecerán más agradecidos de lo normal y hasta quizá te escriban una nota expresando agradecimiento por lo que dijiste o hiciste.

Se necesita tiempo, esfuerzo y pensamiento descubrir el lenguaje primario del amor de otra persona. En cambio, si quieres ser eficiente a la hora de comunicar amor y aprecio, vale la pena el tiempo invertido. Aprender a hablar el lenguaje primario del amor de otra persona es la clave para comunicarle a nivel emocional que te interesas por su bienestar. En el próximo capítulo, analizaremos cómo esta información puede mejorar las relaciones familiares.

ASUNTOS A TENER EN CUENTA

1. *Si conoces tu lenguaje primario del amor, ¿cómo lo descubriste? Si aún no conoces tu lenguaje del amor, realiza el perfil del lenguaje del amor que se encuentra al final del libro.*
2. *¿Conoces el lenguaje primario del amor de tu padre... madre... hermano... hermana? Si no, ¿qué enfoque crees que sería la mejor manera de hacer este descubrimiento?*
3. *¿Quiénes son tus dos amigos más cercanos? ¿Conoces su lenguaje primario del amor? Si no, responde las siguientes preguntas:*
    a. *¿Cómo expresan más a menudo amor y gratitud hacia los demás?*
    b. *¿Qué te piden con mayor frecuencia?*
    c. *¿De qué se quejaron recientemente?*

    Si las respuestas a estas preguntas no revelan su lenguaje del amor, tal vez podrías usar el siguiente enfoque: «Valoro de veras nuestra amistad, y quiero que pienses en nosotros y después me digas una cosa que podría hacer que mejorara nuestra relación».

4. *Confecciona una lista de las personas significativas en tu vida. Si conoces su lenguaje primario del amor, escríbelo junto a su nombre. De lo contrario, utiliza las ideas de este capítulo y planifica tu estrategia para descubrirlo.*

LOS 5 LENGUAJES DEL amor
EDICIÓN PARA SOLTEROS

9

FAMILIA:

Conéctate con tu familia inmediata

Conocí a Susana a bordo del *MSS Amsterdam*, en un crucero por el Pasaje Interior de Alaska. La noche anterior di una conferencia sobre los cinco lenguajes del amor. «He estado pensando en lo que habló anoche», dijo. «Me ha abierto los ojos en cuanto a la relación con mi padre.

»Hace alrededor de un año, mi madre murió y me mudé a Chicago para ayudar a mi padre, pero ha sido un año muy difícil. Siempre me pide que haga cosas por él, cosas que podría hacer por sí mismo. Sentía como si estuviera tratando de manipularme y controlar mi vida. Ahora sé que su lenguaje del amor es el de actos de servicio. Me ha estado pidiendo amor.

»Cuando me preparaba para pintar mi casa, me dijo: "Iré y te sujetaré la escalera". No quería eso. Tardaría el doble de tiempo con él allí. Ahora sé que me expresaba su amor usando el lenguaje que mejor conocía. Esto me ha dado una nueva perspectiva sobre mi padre».

Susana logró una visión significativa del secreto de las conexiones familiares. El amor *debe* comenzar en casa con esposos y esposas amándose, y con padres amando a los hijos. En este contexto ideal, los niños aprenden a recibir y dar amor con libertad. Sin embargo, muchas personas crecieron en hogares menos que ideales. Muchos padres nunca aprendieron a hablar el lenguaje primario del amor de los demás; tampoco han aprendido a hablar los lenguajes del amor de sus hijos. Como resultado, muchos solteros crecieron en un hogar donde sabían de manera intelectual que sus padres los amaban, pero que no siempre se sintieron amados. En la adolescencia, las relaciones con los padres se volvieron tensas, y ahora que son adultos, no tienen un vínculo estrecho con sus padres.

El amor rompe barreras, escala murallas y busca el bienestar del otro.

El propósito de este capítulo es ayudarte a mejorar las relaciones con tus padres y hermanos. Quizá tengas una relación fuerte y positiva con tus padres y hermanos, o tal vez tengas dificultades o hasta te distanciaras de tu familia inmediata. No importa dónde empieces, la comprensión y aplicación de los principios que leíste en los primeros ocho capítulos de este libro pueden mejorar en gran medida las relaciones familiares.

AMEMOS A NUESTROS PADRES

Mejorar o restablecer una relación con un padre puede tener un profundo impacto sobre el bienestar emocional de una persona. No es una casualidad que uno de los Diez Mandamientos fundamentales dados al antiguo Israel fuera: «Honra a tu padre y a tu madre, para que disfrutes de una larga vida en la tierra que te da el SEÑOR tu Dios»[1]. Este beneficio de desarrollar una relación positiva y amorosa con los padres se afirma en el Nuevo Testamento: «Honra a tu padre y a tu madre —que es el primer mandamiento con promesa— para que te vaya bien y disfrutes de una larga vida en la tierra»[2].

En el mejor de los casos, el amor debería fluir de padres a hijos. Cuando esto ocurre y el niño se siente amado de veras, les resulta fácil honrar a sus padres. Sin embargo, cuando un adulto soltero creció en un hogar donde no se sintió amado, estuvo abandonado o fue víctima de abuso, es mucho más difícil honrar a estos padres. Creo que como adultos debemos asumir la responsabilidad de mejorar la relación con nuestros padres; esto es importante en especial si fueron deficientes a la hora de satisfacer nuestras necesidades. No hay nada más importante que el amor en este proceso. El amor rompe barreras, escala murallas y busca el bienestar del otro.

Lo sorprendente del amor es que nuestras emociones no lo mantienen cautivo. Podemos sentirnos heridos por nuestros padres. Podemos sentirnos abandonados, decepcionados, frustrados y hasta deprimidos, pero aún podemos expresarles amor. El amor no es un remanso de emociones, sino más bien una actitud que se corresponde con las conductas apropiadas. El amor es la actitud que dice: «Decido prestarle atención a tus intereses. ¿Cómo puedo servirte?». Entonces, el amor responde con un comportamiento significativo y positivo.

EL AMOR ESTIMULA UNA RESPUESTA

Esta clase de amor estimula las emociones positivas. Entonces, decimos: «Me siento amado por esa persona», lo que significa que tenemos un profundo sentimiento emocional de que se preocupan de veras por nosotros. Esta sensación es lo que trae una honda satisfacción al alma humana. Cuando nos sentimos amados, la respuesta natural es honrar a la persona que nos ama, tenerla en alta estima. Cuando hay amor mutuo y honra entre los padres y los hijos adultos, ambos experimentan un estado positivo de salud emocional, que a su vez influye de manera muy favorable en su salud física, lo que resulta en una vida más larga y satisfactoria.

Ninguna relación parental es inútil. Mientras haya vida, existe la posibilidad de sanar el pasado y forjar una mejor relación en el futuro. Si la relación con tus padres es menos que ideal, nada tiene más potencial que tomar la iniciativa de aprender sus lenguajes primarios del amor y comenzar a hablarlos con regularidad. Debido a que son humanos, tus padres anhelan con desesperación el amor. Cuando comienzas a amarlos de manera proactiva en su lenguaje, empiezan a sentir tu amor y, a menudo, a corresponderlo.

Debido a que son humanos, tus padres anhelan con desesperación el amor.

Por lo tanto, puedes tomar la iniciativa de amar a tus padres a pesar de tus sentimientos negativos. Cuando tus padres corresponden a tus expresiones de amor al usar tu lenguaje del amor, tus sentimientos negativos se disiparán y comenzarás a sentirte amado por ellos. Por supuesto, el amor recíproco no está garantizado. Aun así, a menudo sucede incluso en las relaciones más difíciles y marcadas.

LA HISTORIA DE JENNIFER

La búsqueda de su madre biológica

Jennifer, de treinta y cuatro años de edad, es una soltera que nunca se ha casado y que aprendió a hablar los lenguajes del amor de sus padres adoptivos, Jorge y Julissa, y de su madre biológica, Cristina, pero solo después de experimentar un conflicto con los tres. El resultado es una relación muy positiva y cercana con sus padres adoptivos, y una relación amorosa con su madre biológica.

Durante los primeros trece años de la vida de Jennifer, Jorge y Julissa le proporcionaron un ambiente estable y amoroso. Sin embargo, cuando Jennifer cumplió catorce años, comenzó a expresar el deseo de encontrar y conocer a su madre biológica. Sus padres adoptivos se opusieron mucho a esta idea. Sabían que la madre de Jennifer estaba en las drogas en el momento de su nacimiento y que tuvo múltiples parejas sexuales. No tenían motivos para creer que fuera el tipo de persona que tendría un impacto positivo en la vida de Jennifer.

El razonamiento de Jennifer a los catorce años fue: «Quiero conocer a mi madre. Si no me gusta, está bien, no tenemos que tener una relación. Aun así, quiero conocerla». Jorge y Julissa se resistían a las súplicas de Jennifer, porque pensaban de veras que no sería bueno para ella. Los siguientes dos años estuvieron marcados por frecuentes luchas sobre este y otros asuntos. A los dieciséis años de edad, Jennifer se sintió profundamente desamparada por sus padres adoptivos y comenzó a tomar la iniciativa de encontrar a su madre biológica. Con la ayuda de un amigo en la escuela, Jennifer pudo localizar a su madre y llamarla. Su madre estaba feliz de saber de ella, y planearon reunirse.

Almorzaron en varias ocasiones y se relacionaron de forma positiva (todo esto sin el conocimiento de los padres adoptivos de Jennifer). Al final, Cristina invitó a Jennifer a su apartamento para que conociera a su novio. Este fue amable con Jennifer, y a ella le agradó.

La discusión y el sermón

Después de casi un año, Jorge y Julissa descubrieron lo que sucedía y respondieron con dureza.

—No puedo creer que nos hayas hecho esto —dijo Julissa—, después de todo lo que hemos hecho por ti.

—Mi madre no es una mala mujer, y me ama —dijo Jennifer.

—Entonces, si te ama tanto, ¿por qué no te vas a vivir con ella? —respondió Julissa sin pensar, y de inmediato agregó—: No me refiero a eso. No necesitas vivir con ella. No puede ser buena para ti.

Julissa comenzó a llorar, y Jennifer salió de la habitación.

Esa noche, recibió un largo sermón de su padre sobre cómo solo querían lo que era mejor para ella, y que la habían amado durante todos estos años y la amaban aún. Le contó a Jennifer sobre el problema con las drogas de su madre y el estilo de vida que había vivido. «Por eso es que no queríamos que tuvieras contacto con ella», dijo.

Jennifer lo escuchó. Su única respuesta fue: «Sé que me amas, papá, pero quiero tener una relación con mi madre. No quiero hacerte daño, pero no puedo alejarme de ella ahora». Jorge salió de la habitación, y ahora Jennifer lloraba.

Su último año en el instituto fue problemático, ya que Jennifer intentó mantener un contacto esporádico con Cristina sin discutirlo con sus padres. Luego, se fue a la universidad, donde la vida se hizo mucho más fácil. Podía tener contacto tanto con sus padres como con su madre. Si sus padres planteaban preguntas acerca de ver a su madre, ella solo lo negaba, y su madre nunca preguntaba por sus padres adoptivos. Estaba feliz de tener a Jennifer en su vida.

Al comienzo del tercer año de Jennifer en la universidad, el novio de su madre biológica se marchó y su madre se sumió en una profunda depresión. Durante este tiempo, Cristina regresó a las drogas y un año más tarde terminó en un centro de rehabilitación. Jennifer tuvo poco contacto con ella durante ese año, excepto una llamada telefónica ocasional que iniciaba y que casi siempre la dejaba llorando. Jennifer comenzó a sufrir depresión y fue a terapia. Durante esas sesiones de consejería, logró superar sus sentimientos de abandono por parte de su madre y de estar controlada por sus padres.

El aprendizaje de algunos nuevos lenguajes

Jennifer llegó a reconocer que su madre biológica tomó la decisión más sabia posible en ese momento de su vida y que sus padres adoptivos pensaban de veras en sus mejores intereses cuando intentaron evitar que se contactara con su madre. En lo intelectual, entendía lo sucedido, pero aún luchaba con sentimientos de abandono. «No estoy segura de que alguien me quiera de veras», le dijo a su consejero. «En mi mente, sé que tanto mi madre como mis padres me aman. Sin embargo, en lo emocional, muchas veces no me siento amada por nadie».

Durante esa sesión, su terapeuta le dio un ejemplar de *Los 5 lenguajes del amor*. «Este libro se escribió en un principio para parejas casadas, ayudándoles a aprender a amarse unos a otros», dijo el consejero, «pero quiero que lo leas, porque creo que te ayudará a comprender la dinámica del amor».

Jennifer leyó el libro y pasó varias sesiones analizándolo con su consejero. Se dio cuenta de que su propio lenguaje primario del amor era el de palabras de afirmación. Por eso se sentía tan atraída hacia su madre al establecer el contacto inicial. Su madre le daba muchas palabras de afirmación. Por otra parte, a eso se debía que comenzara a sentirse poco amada por sus padres cuando se oponían a la idea de que su hija de catorce años se contactara con su madre biológica. Escuchaba muchas palabras de críticas y condenatorias suyas hasta que fue a la universidad, pues la tensión disminuyó cuando pensaron que no veía a su madre.

Un año más tarde, después de graduarse de la universidad y aceptar un empleo en su ciudad natal, Jennifer tomó el libro y lo volvió a leer. Esta vez se centró en descubrir el lenguaje del amor de sus padres y el de su madre. Recordó los largos abrazos que su madre le daba cada vez que llegaba y cada vez que se iba. También recordó que a menudo, en una conversación, Cristina se acercaba y le tocaba el brazo. Jennifer no siempre se había sentido cómoda con estos abrazos y toques, pero ahora sabía que el toque físico era el lenguaje primario del amor de su madre biológica.

Concluyó que el lenguaje del amor de su padre era el de palabras de afirmación. Siempre había intentado darle un giro positivo a las cosas. Nunca se sintió tan condenada por su padre como por su madre. Incluso, en los peores momentos, su padre le daba palabras de afirmación, aunque a menudo se negaban con su insistencia a que no viera a su madre. A Jennifer le resultó un poco más difícil descubrir el lenguaje del amor de Julissa, pero al final dedujo que se trataba de actos de servicio.

Cuando habla el lenguaje del amor de su familia

Con esta información, Jennifer comenzó a responder a las tres personas más importantes de su vida al hablar su lenguaje primario del amor cada vez que las veía. Si se enteraba que Julissa tenía invitados, cocinaría bizcochitos. Cuando la visitaba, siempre preguntaba: «¿Qué puedo hacer para ayudarte mientras estoy aquí?». Si Julissa no sugería algo, buscaba algo y lo hacía. Comenzó a afirmar de palabras a su padre, a veces en privado y otras en presencia de su madre. Intentaba nunca marcharse sin haberle dicho algo positivo.

Cuando estaba con Cristina, la abrazaba más y comenzaba a tomar la iniciativa de poner su mano sobre la espalda de su madre cuando la dejaba en el sofá o la besaba en la mejilla después de un abrazo.

Las tres relaciones comenzaron a mejorar. Jennifer empezó a recibir palabras de afirmación y descubrió sentimientos genuinos de afecto hacia Julissa, a pesar de esas cortantes palabras que le dieron vueltas en su mente durante años: «Si te quiere tanto, ¿por qué no te vas a vivir con ella?». Jennifer se dio cuenta de que debido a que las palabras de afirmación eran su lenguaje del amor, la pregunta de Julissa la había lastimado profundamente. Ahora, en cambio, escuchaba palabras de afirmación de su madre, y la grabación de ese mensaje distante comenzó a desvanecerse. Siempre supo que Julissa la amaba, y ahora empezaba a sentirlo.

Más tarde, Jennifer contó su historia en una conferencia nacional de solteros. Fue obvio para mí que la sensación de bienestar de Jennifer se había mejorado en gran medida al desarrollar una relación amorosa con los tres padres.

No todos han tenido el tipo de dificultades que afrontó Jennifer con sus padres. Sin embargo, muchos adultos solteros tienen relaciones destrozadas o rotas con sus padres. La falta de amor de sus padres los deja con un vacío que no pueden llenar el éxito académico ni el vocacional.

La conclusión clave de este capítulo es la siguiente: no importa lo que sucediera entre tus padres y tú, si tomas la iniciativa de descubrir su lenguaje primario del amor y comienzas a hablarlo, el potencial de sanidad y reconciliación es muy real.

Por otro lado, puedes tener una relación fuerte y amorosa con tus padres. Si es así, descubrir su lenguaje primario del amor solo mejorará esa relación.

HERMANOS: ¿AMIGOS INNATOS?

Las relaciones con los hermanos suelen estar teñidas por los acontecimientos de la infancia y la adolescencia. La naturaleza de la relación en años anteriores influye en la relación como adultos. Esta influencia puede ser positiva o negativa. Si la relación es positiva, solo se puede mejorar descubriendo el lenguaje primario del amor de tus hermanos y hablar ese lenguaje con regularidad. Si las influencias negativas de la infancia permanecen en la edad adulta, nada tiene más potencial para sanar las heridas del pasado que expresar amor en el lenguaje primario del amor de los hermanos.

LAS PECAS DE BRIANNA

Brianna era una hermosa pelirroja, de rostro pecoso, que me dijo:

—Cuando era pequeña, mi hermano, que es dos años mayor que yo, siempre se burlaba de mí por las pecas. Me apodó Pecas y me presentaba a todos sus amigos con este nombre. Nunca me gustó, pero no le daba importancia. Solo decía: "Me llamo Brianna", y lo dejaba así. Todavía me presenta de esa manera, incluso ahora que ambos somos adultos. No es gran cosa, pero no me gusta. Desearía que solo me llamara Brianna.

—¿Alguna vez se lo has dicho? —le pregunté.

—No desde que estábamos en el instituto —dijo—. Se lo mencioné un par de veces, pero no sirvió de nada. Aparte de eso, tenemos una buena relación.

—¿Tienes idea de cuál es el lenguaje primario del amor de tu hermano?

—Creo que es tiempo de calidad —dijo—. Siempre viene y quiere hablar conmigo, en especial si está saliendo con alguna chica nueva. Quiere mi consejo sobre qué decir. Sabe que siempre puede tomar un vaso de té y comer un sándwich en mi casa. Así que viene y hablamos.

—Entonces, ¿le das tu tiempo con libertad? —le pregunté.

—Por lo general —dijo—, aunque a veces tengo que hacer mandados, y le digo que se quede en casa y que volveré más tarde. Duerme una siesta o ve la televisión, y retomamos nuestra conversación cuando regreso.

—¿Crees que tu hermano se siente de veras amado por ti? —le pregunté.

—Para ser sincera, espero que sí —dijo—. Claro, en el supuesto caso que el tiempo de calidad sea su lenguaje del amor; le doy mucho tiempo de calidad.

—¿Y te sientes amada por tu hermano?

—Ah, sí —me dijo—. Mi lenguaje del amor es el de palabras de afirmación. Siempre me dice lo inteligente que soy y lo mucho que aprecia mi consejo.

—Parece que tienes una relación bastante sana —le dije—, pero mejoraría si dejara de llamarte Pecas, ¿verdad?

—Sí —dijo riendo.

La gran petición

—Entonces, ¿estarías dispuesta a probar un experimento conmigo? —le pregunté.

—Si cree que será de ayuda, intentaré cualquier cosa —me respondió.

—Una noche, cuando estés con tu hermano, dile que has estado leyendo un libro sobre cómo comunicarles amor a los miembros de tu familia y que quieres hacerle una pregunta. La pregunta es esta: En una escala de cero a diez, ¿cuánto sientes que te amo como hermana? Si te da un ocho, nueve o diez, lo que supongo que hará, pregúntale cuánto te ama él en una escala de cero a diez. Si te da una calificación alta, dile que de veras crees lo que dice y que sientes su amor. Por lo tanto, tienes una petición que te haría sentir aún más amada.

»Pregúntale si estaría dispuesto a escuchar tu petición. Si dice que sí (¿cómo no puede decir que sí?), solo dirás "Quiero que dejes de presentarme como Pecas. Si quieres, puedes llamarme Pecas cuando estemos solos, pero no vuelvas a llamarme Pecas en público. Solo preséntame como tu hermana, Brianna".

»Quizá se sorprenda cuando le hagas tu petición, pues es probable que no tenga idea de que esto todavía te molesta, pero necesita saberlo. Y si lo sabe, supongo que cambiará, y tú te sentirás aún más amada por él.

—¿Así de simple? —preguntó ella. Antes de que pudiera responderle, me dijo—: Eso podría ser difícil. No quiero lastimarlo, y no quiero que piense que soy tonta.

—¿Es importante para ti que deje de presentarte como Pecas? —le pregunté.

—Claro que sí —me dijo.

—Entonces, dale una oportunidad. Él no puede leer tu mente. No eres tonta, y no lo lastimarás preguntando. Le darás la información que necesita para expresarte amor de manera más eficiente.

—Lo intentaré —dijo, y se alejó.

Seis meses después, recibí una carta de Brianna. Fue una carta sencilla. En la parte superior había un dibujo de una cara llena de pecas. Debajo estaban estas palabras: «Dio resultado. Mi hermano fue muy receptivo; no me ha presentado como Pecas en seis meses. Gracias, Brianna».

Brianna demuestra un principio significativo. Si los hermanos se sienten amados, es mucho más probable que respondan a una petición sincera. Dado que Brianna ya hablaba el lenguaje primario del amor de su hermano y él ya se sentía amado por ella, la simple petición fue todo lo que necesitó para lidiar con un problema que era importante para ella, uno sobre el cual no había pensado en serio durante años.

Por otro lado, si su hermano no se hubiera sentido amado por Brianna, quizá hubiera obtenido una respuesta diferente. Cuando los hermanos no se sienten amados, lo más probable es que tomen cualquier petición como una demanda, y es previsible que su respuesta sea negativa. Una vez más, sentirse amado marca la diferencia en la forma en que una persona responde a una petición legítima.

DE HERMANO A HERMANO

Para Esteban, el camino fue mucho más difícil.

—Mi hermano y yo peleábamos como perros y gatos cuando crecíamos. Soy un año mayor que Tomás. No sé si era una lucha por la superioridad o alguna otra cosa. Ahora los dos somos adultos, pero todavía no tenemos una relación muy estrecha. Si necesitara ayuda, no recurriría a él.

—¿Quieres tener una mejor relación? —le pregunté.

—Lo quiero —dijo—. Somos hermanos. No aspiro a que seamos "los mejores amigos" ni nada por el estilo, pero me gustaría que estuviéramos más cerca.

»Mamá y papá están envejeciendo, y tendremos que ocuparnos de cuidarlos dentro de unos años. Con nuestra relación así, no sé si alguna vez podríamos estar de acuerdo en algo.

Estuve de acuerdo con Esteban en que era hora de que hiciera un esfuerzo para mejorar su relación. Le hablé acerca de la importancia del amor emocional y de que todos tenemos un tanque de amor emocional:

—Cuando el tanque de amor está lleno y nos sentimos amados de veras por los miembros de nuestra familia, tendemos a tener relaciones positivas y crecientes. En cambio, cuando el tanque de amor está vacío y no nos sentimos queridos por los miembros de la familia, las barreras tienden a desarrollarse entre nosotros. Tendemos a vernos bajo una luz negativa y, a veces, incluso podemos ser hostiles los unos con los otros.

Mientras hablaba con Esteban, me enteré que su hermano se acababa de casar.

—No sé si eso nos acercará o no —dijo.

—¿Tienes idea de cuál es el lenguaje primario del amor de tu hermano? —le pregunté.

Esteban nunca había oído hablar de los lenguajes del amor y no tenía ni idea de lo que estaba hablando. Procedí a explicarle los lenguajes del amor y que cada uno de nosotros tiene un lenguaje primario del amor que nos habla de manera más profunda que los otros cuatro. Sugerí que el amor es la forma más poderosa de mejorar una relación.

—¿Cómo descubriría su lenguaje primario del amor? —preguntó Esteban—. No lo veo a menudo.

Le hice varias preguntas a Esteban acerca de su hermano, pero sus respuestas arrojaron poca luz sobre el lenguaje del amor de su hermano. Entonces, sugerí que, dado que Tomás se acababa de casar, Esteban les daría a él y a su nueva esposa un ejemplar de *Los 5 lenguajes del amor*, que se enfoca en cómo mantener vivo el amor y prosperar en un matrimonio.

—Hay dos ventajas al hacer esto —le dije—. En primer lugar, si él y su esposa lo leen, mejorarán su relación. En segundo lugar, tres meses después que les des el libro, podrías preguntarle a su esposa si descubrió el lenguaje primario del amor de tu hermano.

Le dije que casi podía garantizarle que si comenzaba a hablar en el lenguaje primario del amor de su hermano, la relación entre ambos empezaría a cambiar.

Se da el primer paso

No volví a ver a Esteban durante unos seis meses. Cuando lo vi después, lo primero que dijo fue:

—Descubrí el lenguaje primario de mi hermano, pero me cuesta entender cómo hablarlo.

—Entonces, ¿cuál es su lenguaje del amor? —le pregunté.

—Actos de servicio. Su esposa dijo que ambos estaban de acuerdo en que ese era su lenguaje primario del amor. Sin embargo, casi nunca veo a Tomás, ¿entonces cómo puedo hacer actos de servicio para él?

Después de hablar un rato sobre el estilo de vida y los intereses de su hermano, acordamos que Esteban se ofrecería para cuidar el perro de su hermano cualquier fin de semana que Tomás y su esposa quisieran salir. Sin duda, eso sería un acto de servicio por parte de Esteban, y algo que quizá agradeciera su hermano. Aunque Esteban y su hermano no tuvieran una relación cercana, sería una oferta lógica y útil para su hermano y su nueva cuñada.

—Lo intentaré —dijo Esteban, y nos despedimos.

Pasaron unos dos meses antes de que volviera a encontrarme con Esteban.

—¡Tengo planeado cuidar el perro de mi hermano en tres semanas! —dijo esta vez Esteban.

—¿Así que aceptó tu oferta?

—Sí, parecía apreciarlo de veras. Entonces, ¿cuántas veces puedo cuidar el perro y cómo va a mejorar nuestra relación?

La segunda milla: Sacar a pasear al perro, arreglar la terraza...

—Recuerda, el lenguaje primario del amor de tu hermano es el de los actos de servicio —le dije—. Cada vez que haces un acto de servicio, es como si derramaras amor en su tanque de amor. A medida que su tanque de amor comienza a llenarse, se siente atraído en lo emocional hacia la persona que lo está llenando. Así que si cuidas al perro solo una vez al año, eso es como verter un galón de amor en su tanque de amor. Tal vez él y su esposa tomen más de un fin de semana cada año, lo que puede permitir dos o tres galones de amor.

—¿Pero qué más puedo hacer? —preguntó Esteban.

—Dile a su esposa que si tu hermano necesita ayuda en algún proyecto, te encantaría ayudarlo si solo ella te enviara un mensaje de texto. Luego, siéntate y espera a que lleguen los mensajes.

—Lo hace parecer muy fácil.

—No será tan fácil como parece cuando empieces a ayudar con los proyectos —le dije.

Más tarde me enteré que ya al mes Esteban ayudaba a su hermano a cambiar su terraza. Antes de que terminara el año, había cortado el jardín de su hermano dos veces cuando estuvo en el hospital durante dos semanas, cuidó al perro tres fines de semana y ayudó a su hermano a construir un brasero.

—Este año he pasado más tiempo con mi hermano que en los últimos quince años combinados —me dijo Esteban—. Siento que nos acercamos de nuevo. No hemos tenido conversaciones profundas sobre el pasado. Solo es que ambos parecemos más adultos y nos relacionamos entre nosotros como tales.

Involucrado por largo rato

—¿Estás listo para el siguiente nivel? —le pregunté.

—¿Hay otro nivel? —respondió Esteban.

—Invítalos a él y a su esposa a comer —le dije—. Puede que necesites la ayuda de tu novia para eso.

—Ella es una buena cocinera. Podríamos hacerlo —dijo, y sus ojos se iluminaron como si acabara de descubrir un juguete nuevo—. Mi hermano nunca ha estado en mi casa.

—Te daré otra idea —le dije—. ¿Tu hermano tiene algún interés en los deportes?

—Es un fanático de las competencias NASCAR de autos —dijo Esteban—, pero no va muy seguido. Dice que las entradas son demasiado caras, por lo que lo ve en la televisión.

—Entonces, cómprale dos billetes —le dije—. Solo tú y tu hermano juntos durante todo un día. Piénsalo.

—De seguro que sería un nuevo nivel —dijo Esteban.

Todas estas conversaciones con Esteban ocurrieron hace más de cuatro años. Él y su hermano ahora tienen una relación afectuosa, cercana y amorosa.

Esteban tiene una nueva novia y me dijo que está considerando en serio el matrimonio. «Asegúrate de aprender a hablar su lenguaje primario del amor antes de casarte», le dije.

«Ya lo estoy hablando», me dijo con una sonrisa.

Esteban ha demostrado el poder del amor para derribar barreras y acercar a los miembros de la familia. Las familias se diseñaron para que sean la unidad básica de la sociedad. Aprender a hablar el lenguaje primario del amor de cada uno en la familia convierte este diseño en una realidad.

ASUNTOS A TENER EN CUENTA

1. *Anota los nombres de los miembros de tu familia: madre, padre, hermanos. Usando una escala de 0-10 (con 0 representando no amado, 5 amado de alguna manera y 10 amado en gran medida), ¿qué tan amado te sientes por cada uno de tus familiares?*

2. *¿Por qué calificaste a cada miembro de la familia como lo hiciste? ¿Qué factores están contribuyendo a los sentimientos de amor?*

3. *¿Cuál crees que es el lenguaje primario del amor de cada miembro de la familia?*

4. *¿Qué tan eficiente crees que eres al hablar sus lenguajes primarios del amor? Responde la pregunta anotando el nombre de cada miembro de la familia y escribiendo un número de la escala 0-10 (0 significa que no lo sabes, 5 expresándolo de vez en cuando, y 10 hablas con regularidad el lenguaje).*

5. *Usa la lista a continuación a fin de trazar una estrategia para expresarles amor a los miembros de tu familia de manera más eficiente en las próximas semanas.*

CÓMO DECIRLE «TE QUIERO» A TU FAMILIA

Anota a continuación el nombre de cada familiar y su lenguaje del amor. Luego, escribe unas cuantas formas de demostrarle amor a cada uno. Reflexiona en las sugerencias de este capítulo para tener ideas.

Nombre: ________________ *Lenguaje del amor:*
Mi respuesta de amor:

Nombre: ________________ *Lenguaje del amor:*
Mi respuesta de amor:

Nombre: ________________ *Lenguaje del amor:*
Mi respuesta de amor:

Nombre: ________________ *Lenguaje del amor:*
Mi respuesta de amor:

LOS 5 LENGUAJES
DEL
amor
EDICIÓN PARA SOLTEROS

10

Relaciones de noviazgo
Primera Parte:

Los lenguajes del amor y tu pareja

He conocido a muchos solteros que han renunciado al noviazgo. Encuentran que es un camino lleno de angustia, frustración física, incomprensión y ansiedad incalculable, todo lo cual se suma a la actitud de «¿por qué molestarse?». Sin embargo, para otros, la sola idea de no tener una relación de noviazgo parece poco natural. ¿Cuáles son los factores que deben considerarse aquí?

Primero, déjame recordarte que el noviazgo no es una práctica universal. En muchas culturas, tanto cultas como incultas, la sola idea de que un chico y una chica concierten una serie de momentos para reunirse, sea cual sea el propósito, se consideraría tabú. Esas culturas tienen una larga historia de muchos matrimonios estables. Por lo tanto, el noviazgo no es la parte necesaria del proceso de matrimonio que casi siempre suponemos que es.

Sin embargo, una vez dicho esto, debemos ser realistas y admitir que el noviazgo es una parte muy integral de la cultura occidental. Es más, algunos se han referido al noviazgo como «la costumbre tribal favorita de los Estados Unidos». Las trampas en el sistema no significan que el proceso en sí sea necesariamente malo. Por el contrario, puede ser uno de los sistemas sociales más saludables y beneficiosos en toda nuestra sociedad.

La razón por la que muchos solteros fracasan en el juego del noviazgo es porque nunca entendieron con claridad sus objetivos.

¿QUÉ SENTIDO TIENE?

La razón por la que muchos solteros fracasan en el juego del noviazgo es porque nunca entendieron con claridad sus objetivos. Si le preguntas a un grupo de solteros: «¿Por qué tienen relaciones de noviazgo?», las respuestas variarían desde «para pasar un buen rato» hasta «para encontrar pareja». En un sentido general, sabemos que el fin de todo esto puede llevarnos al matrimonio, pero no lo tenemos tan claro en cuanto a otros objetivos específicos. Permítanme enumerar unos cuantos y sugerirles que le añadan otros a la lista a medida que reflexionen sobre sus objetivos personales.

1. Desarrollemos interacciones saludables con el sexo opuesto

Uno de los propósitos del noviazgo es conocer a las personas del sexo opuesto y aprender a relacionarse entre sí como individuos. La mitad del mundo está formado por el sexo opuesto. Si no logro aprender el arte de entablar relaciones sanas con «la otra mitad», de inmediato limito de manera considerable mis horizontes. Dios nos creó hombre y mujer, y su deseo es que nos relacionemos unos con otros como criaturas que poseen su imagen. Nuestras diferencias son numerosas, pero nuestras necesidades básicas son las mismas. Si vamos a servir a las personas, que es el llamado más elevado de la vida, debemos conocerlas: hombres y mujeres. Las relaciones no se pueden entablar sin algún tipo de interacción social. En la cultura occidental, el noviazgo proporciona el escenario para tal interacción.

Uno de los principales escollos para las relaciones sanas es que nos han instruido para vernos como objetos sexuales. Hace más de cincuenta años, el psicólogo Erich Fromm escribió: «Lo que para la mayoría de la gente de nuestra cultura equivale a digno de ser amado es, en esencia, una mezcla de popularidad y *sex-appeal*»[1]. Hoy en día, esta percepción de los demás como objetos sexuales se ha arraigado de manera profunda en nuestro pensamiento.

Si no logro aprender el arte de entablar relaciones sanas con «la otra mitad», de inmediato limito de manera considerable mis horizontes.

Para algunas mujeres solteras, su objetivo de estilo de vida tácito (o tal vez incluso hablado) es «voltear la cabeza» hacia los hombres que encuentran. Y a muchos hombres les encanta llamarles la atención También muchos progresan aún más y le prestan atención a la amplia gama de materiales pornográficos que ahora están disponibles en cualquier lugar donde haya una conexión a internet. Estas personas a menudo se vuelven adictas a esta percepción impersonal y desconectada de las personas del sexo opuesto. Cuando esto se convierte en una percepción fija, la persona deja de tener el verdadero sentido de ser humano. Se vuelve como un animal jugando con sus juguetes o permitiéndose ser un juguete con el que juega otro animal.

2. Aprendamos sobre la persona, la personalidad y la filosofía

El noviazgo brinda la oportunidad de analizar las percepciones mutuas que el mundo ha acumulado, y de aprender a ver a los demás como personas en lugar de como objetos. En el noviazgo es que podemos aprender nombres, personalidades y filosofías. Estas son cualidades de la personalidad. El nombre nos identifica como una persona única. La personalidad manifiesta la naturaleza de nuestra singularidad. Y la filosofía revela los valores por los que vivimos la vida. Todo esto no se descubre cuando nos mantenemos alejados y nos vemos como objetos, sino a medida que nos acercamos y comenzamos a interactuar de manera más personal entre nosotros.

En el noviazgo es que descubrimos que cada mujer tiene una madre y un padre, y lo mismo ocurre con cada hombre. Conocidos o desconocidos, vivos o muertos, nuestros padres ejercieron su influencia en nosotros y contribuyeron de manera profunda en nuestra forma de ser. Todos estamos conectados con nuestro pasado. En la relación de noviazgo, tenemos el potencial para excavar estas raíces. Cada persona tiene una historia personal que también ha tenido una gran influencia en la misma. En el contexto del noviazgo, se narran estas historias.

Nuestra sociedad nos empuja cada vez más a vivir retirados en cubículos, garajes adjuntos y condominios de gran altura, audífonos o auriculares, y viajes solos (sin carril de transporte colectivo). Este aislamiento nos ha llevado a crecientes niveles de soledad, vacío y, a veces, desesperación. Sin embargo, este aislamiento no necesita ser una prisión permanente. El noviazgo es una forma aceptable de romper el aislamiento y conectarse con los demás.

Abi, una soltera muy reservada, casi tímida, no salió en cita con nadie en el instituto y solo dos veces en la universidad. Sin embargo, al graduarse y obtener su primer empleo, comenzó a asistir a un grupo de solteros en una iglesia local. Aprovechó la oportunidad para salir a tomar un helado con un grupo más pequeño y en este contexto se encontró con Brent. Llevaban saliendo tres meses cuando Abi me dijo: «No sé por qué esperé tanto para empezar a salir en citas. Se siente muy bien conocer a otra persona y dejar que me conozca». Abi ha dado un gran paso al conocer a alguien como persona.

3. Observemos nuestros puntos fuertes y débiles

Un tercer objetivo del noviazgo es ayudar al desarrollo de la propia personalidad. Todos estamos en proceso. Alguien me sugirió una vez que debíamos usar señales alrededor del cuello que dijeran: «En construcción».

A medida que nos relacionamos con otros en el contexto del noviazgo, comenzamos a mostrar varios rasgos de la personalidad. Esto provoca un autoanálisis saludable y aporta una mayor comprensión personal. Reconocemos que algunos rasgos son más deseables que otros. Llegamos a ver nuestras propias fortalezas y debilidades. El reconocimiento de una debilidad es el primer paso hacia el crecimiento.

Todos tenemos puntos fuertes y débiles en nuestras personalidades. Nadie es perfecto. La madurez no es impecabilidad. Sin embargo, nunca debemos estar satisfechos con nuestro estado actual de desarrollo. Si nos retraemos demasiado, no podemos ministrar con libertad a los demás. Por otro lado, si somos locuaces en exceso, podemos abrumar a quienes nos gustaría ayudar. Relacionarnos con alguien en el noviazgo tiene una manera de dejarnos ver a nosotros mismos y cooperar en el plan de crecimiento de Dios para nuestra vida.

Hace algunos años, un joven muy hablador me dijo: «Nunca me había dado cuenta de lo desagradable que era hasta que salí con María. Ella habla todo el tiempo, y me vuelve loco». Se hizo la luz; sus ojos se abrieron. En María vio su propia debilidad y fue lo bastante maduro como para dar pasos hacia el crecimiento.

Para él, esto significaba hablar menos y desarrollar sus habilidades para escuchar. Su prescripción la escribió en el siglo primero uno de los apóstoles de la iglesia cristiana primitiva: «Mis queridos hermanos, tengan presente esto: Todos deben estar listos para escuchar, y ser lentos para hablar y para enojarse»[2]. Lo que nos desagrada en los demás es a menudo una debilidad en nuestra propia vida. El noviazgo puede ayudarnos a vernos de manera realista.

Cambiar las debilidades de la personalidad no siempre es fácil. Abi, a quien conocimos antes, se dio cuenta de que su timidez era perjudicial para entablar relaciones con los demás. Al graduarse de la universidad, decidió obtener consejería personal. Aquí fue donde logró la comprensión y el aliento para tomar medidas en la dirección adecuada. La primera fue asistir a un grupo de solteros en una iglesia local. La segunda fue obligarse a salir con un grupo más pequeño para el postre. Lo más difícil para Abi fue aprender la manera de expresar sus ideas en ese pequeño grupo, hablar sobre sí misma, y hacer que la gente conociera su experiencia universitaria y su vocación actual.

Le tomó unos seis meses desarrollar el valor para invitar a Brent a cenar, que fue el primer paso para desarrollar su relación. Una vez que comenzaron a salir, Abi sintió que Brent era alguien en quien podía confiar. Con el aliento de su consejero, empezó a contarle a Brent los detalles de su historia. Su interés en escuchar la animó a continuar. En las primeras etapas, su consejero la animó a escribir las cosas que le diría a Brent esa noche y las preguntas que le haría sobre su vida. Al escribirlo con antelación, Abi tuvo la valentía de seguir adelante. El cambio requiere esfuerzo, pero es un esfuerzo bien invertido.

4. Practiquemos el servicio a los demás

Un cuarto objetivo del noviazgo es que brinda la oportunidad de servir a los demás. La historia está repleta de ejemplos de hombres y mujeres que descubrieron que la mayor contribución de la humanidad es darse a los demás. ¿Quién no conoce a la madre Teresa? Su nombre es sinónimo de servicio. En África estaba Albert Schweitzer, y en la India, Mahatma Gandhi. La mayoría de las personas que han estudiado la vida de Jesús de Nazaret están de acuerdo en que su vida puede resumirse en su simple acto de lavarles los pies a sus discípulos. Él mismo dijo: «[Yo] no [vine] para que [me] sirvan, sino para servir y para dar [mi] vida en rescate por muchos»[3]. Les enseñó a sus discípulos: «El que quiera hacerse grande entre ustedes deberá ser su servidor»[4]. La verdadera grandeza se expresa en el servicio.

No quiero transmitir la idea de que el noviazgo se debe tener con un espíritu de martirio: «Pobre de mí. Tengo que hacer este servicio como mi deber», o «Si sirvo a este chico, tal vez le gustaré».

El ministerio (servir) es diferente del martirio. El ministerio es algo que hacemos por los demás, mientras que el martirio es algo que nos provocan otros.

El noviazgo siempre es una calle de dos vías. Sin duda, recibimos algo de la relación, pero también debemos contribuir a la vida de la persona con la que salimos en citas. Se podría lograr un bien inconmensurable si pudiéramos ver el servicio como uno de los propósitos del noviazgo. A más de una persona reservada le podría «atraer» las sabias preguntas de una pareja. A más de un cascarrabias se le puede calmar con la verdad dicha con amor.

Tomar el ministerio en serio puede cambiar tu actitud hacia el noviazgo. Te enseñaron para «dar lo mejor de ti», a fin de que la otra persona quede impresionada. Por lo tanto, es posible que fueras reacio a hablar de tus debilidades con tu pareja, por temor a que se alejara de ti. El servicio genuino exige que hablemos la verdad con amor. No nos servimos el uno al otro evitando las debilidades mutuas.

Por fortuna, no todos nuestros servicios implican señalar las debilidades de nuestra pareja. A menudo la ayudamos solo al escuchar mientras expresa sus luchas. La escucha empática es una medicación impresionante para el corazón herido. Jaime estaba saliendo con Teresa cuando el padre de esta murió de un ataque al corazón. Solo llevaban saliendo unas semanas, pero Jaime sintió que ella quería que estuviera a su lado. Así que se sentó con la familia para el servicio conmemorativo y acompañó a Teresa al entierro. En las siguientes semanas, a menudo le hacía preguntas sobre su padre y la dejaba hablar con libertad sobre sus recuerdos.

Al hacer esto, Jaime ayudaba a Teresa a superar el dolor que le aquejaba de manera tan profunda. Si no hubieran estado saliendo, no habría tenido esta oportunidad de servir, lo cual fue de gran ayuda para Teresa.

5. Descubramos a la persona con la que nos casaremos

Otro objetivo obvio del noviazgo es ayudarnos a descubrir el tipo de persona con quien nos casaremos. Como se señaló antes, en algunas culturas los matrimonios están arreglados. Los contratos se establecen entre las respectivas familias. La elección se hace sobre la base de consideraciones sociales, financieras o religiosas. Se supone que la pareja desarrolle el amor una vez que estén casados. En la cultura occidental, el proceso se les deja a las personas involucradas. A decir verdad, prefiero este proceso. El noviazgo se diseñó para ayudarnos a tener una idea realista del tipo de persona que necesitamos como pareja de matrimonio.

Salir con personas que poseen diferentes personalidades nos da criterios para hacer juicios sabios. Alguien que tiene una experiencia de citas limitada puede que, después del matrimonio, esté plagado de pensamientos como: «¿Qué les gusta a otras personas?». O: «¿Hubiera tenido un mejor matrimonio con otro tipo de pareja?». Estas preguntas pueden llegar a todas las parejas, en especial cuando hay problemas en el matrimonio. Sin embargo, la persona que mira hacia atrás en una vida social equilibrada antes del matrimonio, está mejor equipada para responder estas preguntas. No es muy probable que construya un mundo de sueños, porque la experiencia le ha enseñado que todos somos imperfectos.

El noviazgo se diseñó para ayudarnos a tener una idea realista del tipo de persona que necesitamos como pareja de matrimonio.

¿Qué podría ser más difícil que encontrar a alguien con quien podamos vivir en armonía y satisfacción durante los próximos cincuenta años? Las variables son geniales. La vieja idea es que los polos opuestos se atraen. Hay verdad en eso, pero los polos opuestos también se pueden repeler. Por eso es que las parejas pueden sentirse atraídas antes del matrimonio y muy desilusionadas después. La realidad es que, cuanto más similares seamos, menos conflictos tendremos. La similitud es importante en especial cuando se trata de los asuntos más grandes de la vida: valores, espiritualidad, moral, tener o no hijos, cuántos hijos tener y objetivos vocacionales. El noviazgo proporciona el contexto para explorar las respuestas a estas preguntas y determinar nuestra idoneidad para el matrimonio.

¿QUÉ ME DICES ACERCA DE LOS LENGUAJES DEL AMOR?

Es probable que notaras que hasta ahora no hemos analizado el amor como un elemento en el proceso de noviazgo. La razón para eso debería ser obvia. El amor genuino interactúa con todas las ideas que detallamos sobre el noviazgo. Una actitud de amor debería motivarte a querer relacionarte con los demás como personas más que como objetos, desarrollar tu propia personalidad para que puedas alcanzar tu potencial para el bien en el mundo, y servir a tu pareja y procurar alentar a esa persona a fin de que alcance su potencial. Al buscar pareja, el amor es la motivación fundamental, que no solo conduce a una boda, sino a un matrimonio exitoso.

Si esto es cierto, aprender a expresar amor en un lenguaje que tu pareja entienda se vuelve crítico. Cuando la pareja se siente amada, es mucho más probable que esté dispuesta a una relación auténtica. Tus relaciones de noviazgo mejorarán si aprendes a hablar el lenguaje primario del amor de la persona con la que sales.

EL AMANECER DE UNA NUEVA ERA DE NOVIAZGO

Aunque la forma en que la gente tiene relaciones de noviazgo ha cambiado sin cesar a lo largo de las décadas, el internet ha abierto nuevas puertas que las generaciones anteriores nunca habrían podido imaginar. Las computadoras, los teléfonos celulares, los mensajes de texto, las redes sociales y las citas en línea han transformado por completo la manera en que conocemos a alguien del sexo opuesto y desarrollamos relaciones con dicha persona. Es importante comprender que, a pesar de que la tecnología transforma mucho la forma en que tenemos una relación de noviazgo con alguien, no cambia las formas en que amamos ni los lenguajes que utilizamos para comunicar el amor.

No hemos hablado mucho sobre las relaciones poco tradicionales, las relaciones que se crean en línea y las relaciones a larga distancia, pero está claro que se están volviendo cada vez más tradicionales a medida que la comunicación desde extremos opuestos del mundo se vuelve más fácil.

Recibo muchas preguntas de personas solteras acerca de cómo comunicar los lenguajes del amor a través del internet. Es obvio que los regalos y las palabras de afirmación son más fáciles de hablar a la distancia. Para hablar los lenguajes de tiempo de calidad, toque físico y actos de servicio, tendrás que ser un poco más creativo.

El tiempo de calidad tendrá que adquirir un nuevo significado en tu relación. Esto ahora quizá tenga que traducirse en significativas conversaciones telefónicas o vía *Skype*, cartas y correos electrónicos, animándose entre sí, enviando regalos y otras formas de hacer contacto especial. Recuerda que otro componente importante del tiempo de calidad es la atención total. Aún puedes comunicar esto a la distancia.

El toque físico es más difícil de comunicar a larga distancia, pero aún es posible. Tener elementos físicos que pertenezcan a tu pareja puede hacer que se recuerden el uno al otro. En tus conversaciones y contactos, comunica cuánto disfrutas de estar con tu pareja. También llegarás muy lejos al hacer comentarios como: «Si estuviera contigo ahora, te daría un gran abrazo».

Lo mismo es con los actos de servicio: un gran componente de este lenguaje del amor es cuánto significa la consideración del acto para la persona a quien se sirve. Esto implica que comunicarle de manera específica lo que deseas hacer por tu pareja si pudieras estar a su lado significará mucho para ella. Le dices que te importa, que piensas en ella y quieres participar en su vida diaria. Además, cuando estés en contacto, escucha las señales de cómo puedes servir a tu pareja, incluso desde muy lejos.

Las citas en línea y las citas a larga distancia no son la forma más conveniente de acercarse a alguien. Sin embargo, aún puedes desarrollar una relación significativa y duradera siempre que seas creativo en las formas en que te comunicas. No te rindas hablando el lenguaje del amor de alguien solo porque sea difícil. Tu esfuerzo hablará más alto y claro de lo que puedas imaginar. (Para más información acerca de las citas en línea, consulta la página 237).

BAJAN DE LAS NUBES: ANA Y CALEB

Ana y Caleb se conocieron cerca del final de su primer año en la universidad y hacía dos años y medio que eran novios. Ambos eran personas mayores y estaban considerando la escuela de posgrado. También hablaban en serio sobre su relación.

«Siento que estamos perdiendo algo», me dijo Caleb. «Nuestra relación siempre ha sido buena, pero es como si la emoción se hubiera esfumado. Hubo un tiempo en el que hablábamos sobre casarnos después de la graduación, pero ahora no estamos seguros. Si tiene tiempo, nos gustaría sentarnos y hablar con usted al respecto».

Dos semanas más tarde, Ana y Caleb vinieron a mi oficina. Después de pasar una hora escuchando su historia, parecía que formaban una pareja que tenía la base para una relación duradera. Sin embargo, a fin de verificar mis propias percepciones, sugerí que realizaran un test de personalidad. Dichos test implica responder una serie de preguntas en privado. Los test se evalúan y un consejero interpreta los resultados. Caleb y Ana estuvieron de acuerdo, y cuando me entregaron sus perfiles, indicaron que eran muy compatibles en todas las esferas básicas requeridas para un matrimonio estable.

Con esta información en la mano, les expliqué lo que pensaba que había sucedido en su relación. Revisé la naturaleza de la experiencia de «enamoramiento»: cómo comienza con el «hormigueo» y se convierte en una obsesión emocional en la que se ve a la persona a través de lentes de color rosa y parece ser perfecta. Les recordé que esta es una de las experiencias emocionales más elevadas que haya habido entre dos personas. También les recordé que es temporal: desaparecía en dos años. Cuando salimos de esta obsesión emocional, comenzamos a vernos en términos más realistas. Vemos sus debilidades y fortalezas. Nos damos cuenta de que no son perfectos. Aquí es cuando la pareja comienza a sentir que el amor se les escapa de las manos.

Ahora bien, deben ser mucho más intencionales en su comportamiento. La etapa del «enamoramiento» en el matrimonio requiere poco esfuerzo. Es más, «enamorarse» no fue una elección consciente. Todo lo que hacemos en el estado de «enamoramiento» requiere poca disciplina o un esfuerzo consciente de nuestra parte. Las largas llamadas telefónicas que nos hacemos, el dinero que gastamos viajando para vernos, los regalos que damos y los absurdos proyectos de trabajo que hacemos no son nada para nosotros. Como la naturaleza instintiva de un pájaro dicta la construcción de un nido, la naturaleza instintiva de la experiencia del «enamoramiento» nos empuja en nuestra euforia. Entonces, cuando la euforia sigue su curso, debemos asumir la responsabilidad de nuestro comportamiento. El amor, en este punto, se convierte en una decisión.

Aquí es donde el conocimiento de los cinco lenguajes del amor adquiere suma importancia. Si entendemos los cinco lenguajes fundamentales del amor y entendemos que cada uno de nosotros habla uno diferente, lograremos ser deliberados al expresarle amor a nuestra pareja. Cuando hacemos esto, sigue sintiendo nuestro amor a pesar de la desaparición de la euforia y el pensamiento distorsionado de la etapa del «enamoramiento».

También le comenté a Caleb y Ana que este es el escenario donde podemos mirar con más sinceridad los factores importantes de nuestra relación: valores, moral, espiritualidad, objetivos vocacionales y matrimonio. Les recordé que tanto mi percepción de su relación y los resultados que se muestran en el test de la personalidad indicaron que tenían fuertes similitudes en todas las esferas básicas requeridas para una relación matrimonial sólida.

«Es obvio que yo no decido si continúan su relación», les dije. «Eso es algo que solo ustedes dos pueden decidir, pero creo que tienen la base para una relación de por vida. Si pueden descubrir y hablar el lenguaje primario del amor de cada uno, redescubrirán la chispa en su relación». Podría decir que estaban preparados para el desafío.

Tres meses más tarde pasaron por mi oficina, no para recibir consejería, sino para contarnos que ahora estaban comprometidos y planeaban casarse después de la graduación.

—Los lenguajes del amor nos dieron resultado —dijo Caleb—. La chispa ha regresado y sabemos que queremos casarnos.

—Les hablamos de su libro del lenguaje del amor a mis padres —añadió Ana—, y hemos visto cómo vuelve la chispa a su matrimonio. Muchas gracias por tomarse el tiempo con nosotros.

—Envíenme una invitación para la boda —les dije—. Si estoy libre, iré.

¿CASARSE O NO CASARSE?

La experiencia de «enamorarse» no es la base para un matrimonio feliz. Es muy posible estar «enamorado» de alguien con quien no deberías casarte. Es más, tal vez sientas los «hormigueos» por casi todas las personas con las que sales en cita. Son los «hormigueos» los que nos motivan a querer pasar tiempo con la otra persona. Cuando sales en cita, a veces los «hormigueos» se disipan con rapidez y la relación nunca se pone en marcha. Por otro lado, el «hormigueo» puede convertirse en la obsesión emocional que llamo la experiencia de «enamorarse». Nada de esto requiere mucho esfuerzo ni pensamiento. Todo lo que hizo fue presentarse, y las emociones tomaron el control. Sin embargo, una relación matrimonial diseñada para durar toda la vida requiere más que esos sentimientos eufóricos y obsesivos.

Un tiempo para hablar sobre las cosas reales

No debemos permitir que la euforia nos impida ver las diferencias evidentes entre nosotros en los asuntos fundamentales. Por eso es que enfaticé cosas como valores, moral, espiritualidad, intereses sociales, perspectivas vocacionales y el deseo o la falta de deseo de tener hijos. Si la euforia no nos ciega a todo, la relación de noviazgo proporciona el contexto para un análisis serio de estos asuntos. Si estamos demasiado lejos en estos aspectos fundamentales, debemos ser lo bastante sabios como para expresar aprecio por la contribución hecha a la vida del otro y, luego, seguir nuestros caminos por separado. Casarse en el clímax de la euforia del «enamoramiento», y pasar por alto estos asuntos tan fundamentales, es decidirse por un matrimonio doloroso y difícil.

Es muy posible estar «enamorado» de alguien con quien no deberías casarte.

Laura fue muy sabia para ver esto. A ella y a su prometido, Marcos, les asignaron la responsabilidad durante una conferencia de llevarme a cenar una noche. En el transcurso de nuestra conversación, Laura me contó lo útil que le resultó *Los 5 lenguajes del amor*.

«Estuve saliendo con otro hombre durante un año antes de conocer a Marcos», dijo. «En realidad, me sentía amada. Creo que tal vez estuviera "enamorada" de él. Sin embargo, cuando se presentó Marcos, tenía algo diferente. No eran tanto las emociones. Admiré quién era él. Admiré su carácter y la forma en que invertía su vida trabajando con niños problemáticos en el club de niños de la localidad.

»Después que comenzamos a salir, me molestaba que no tuviera los mismos sentimientos emocionales por él como los que tenía por mi exnovio. Era mucho más la clase de persona con la que quería casarme, pero no podía entender por qué todavía tenía sentimientos tan fuertes por el otro chico. Entonces, un día estaba leyendo su libro sobre los lenguajes del amor. Mi madre me había prestado su ejemplar. Se escribió para parejas casadas, pero tenía sentido para mí.

»Cuando terminé de leerlo, me di cuenta de que mi lenguaje del amor era el toque físico, y la razón por la que todavía sentía algo por mi exnovio era porque se trataba de alguien dado al toque. Ponía su brazo alrededor de mis hombros en las películas. Me tomaba de la mano cada vez que bajábamos del automóvil para ir a algún lado. Me abrazaba y me besaba cada vez que nos separábamos, mientras que Marcos no era alguien que tocaba. Al menos en esa etapa de nuestra relación, no me tocaba demasiado.

»Supongo que no quería que la parte física de nuestra relación se convirtiera en lo principal, de modo que se contenía. Así que no me sentía cerca de él en lo emocional. Cuando hablamos al respecto, y Marcos me explicó por qué no estaba siendo más receptivo físicamente, agradecí sus esfuerzos por contener el toque físico hasta que pudiéramos conocernos mejor.

»Por supuesto, ahora me está tocando», dijo, riendo. «Mi tanque de amor está rebosando».

«Siempre quise tocarla», dijo Marcos. «En el pasado tuve relaciones donde el toque físico era todo lo que teníamos en común. No quería que eso fuera cierto en esta relación. Quería conocerla como persona y asegurarme de que estábamos interesados de veras el uno en el otro».

Un compromiso con creencias fundamentales

«En realidad, aprecio eso de él», dijo Laura. «Cuanto más lo conocía, más sabía que era la clase de persona con la que quería casarme. Cuando por fin llegaron los toques, supe que era quien quería que me abrazara y besara por el resto de mi vida. Por eso dije sí cuando me pidió que me casara con él».

Los buenos matrimonios se basan en una combinación de amor emocional y un compromiso común con creencias fundamentales sobre lo que es más importante y lo que deseamos hacer con nuestras vidas. Hablar el lenguaje primario del amor de cada uno crea el clima emocional donde estas creencias pueden desarrollarse en la vida diaria.

ASUNTOS A TENER EN CUENTA

Al reflexionar sobre tus relaciones actuales y pasadas, responde las siguientes preguntas:

1. *¿Hasta qué punto lo vi como una persona en lugar de como un objeto?*
2. *¿Qué tan bien descubrí su personalidad, historia, valores, moral y creencias espirituales?*
3. *¿Qué descubrí sobre mí en esta relación de noviazgo?*
4. *¿Qué cambios positivos hice?*
5. *¿De qué maneras ayudé a mi pareja?*
6. *¿Qué tan bien escuché con empatía y afronté las debilidades?*
7. *¿Por qué decidí casarme o no casarme con esta persona?*
8. *Si hubiéramos conocido el lenguaje primario del amor de cada uno, ¿qué diferencia podría haber marcado esto en nuestra relación?*

LOS 5 LENGUAJES DEL amor
EDICIÓN PARA SOLTEROS

11

Relaciones de noviazgo Segunda Parte:

¿Debería el amor conducir al matrimonio?

Estaba sentado en mi escritorio un sábado por la mañana, ordenando papeles, cuando recibí una llamada de Marcos. Nos conocemos desde hace más de treinta años. Participé en las bodas de sus hijos. Presidí el funeral de su esposa cinco años antes. Atravesé con Marcos el dolor de la aflicción, pero por el tono de su voz, podía decir que algo era diferente. No pasó mucho tiempo para descubrir lo que sucedía. Después de hacer los comentarios habituales de «Vamos a ponernos al día», dijo:

—Te llamo para decirte que me voy a casar.

—¿Casar? —exclamé—. ¿Cuándo?

—El día de Navidad —respondió—. Todos los hijos y nietos estarán aquí, así que decidimos que sería un buen momento para la boda.

—Bien, ¡felicitaciones! —le dije—. Me alegro por ti.

—Me gustaría que fueras parte de la ceremonia —dijo—. Nos vamos a casar en su iglesia, y su pastor dirigirá las cosas. Sin embargo, los dos queremos que tú participes también.

—Será un honor para mí —dije.

Marcos y yo terminamos nuestra conversación, y después subí las escaleras para darle las buenas noticias a mi esposa. «Me sorprende que esperara tanto», dijo con naturalidad. Los dos sabíamos que Marcos y Silvia fueron novios por unos tres años. Su esposo falleció dos meses antes que la esposa de Marcos. Ella tenía fuertes compromisos cristianos y estaba muy activa en la vida comunitaria. Silvia y Marcos tenían mucho en común.

Tanto a Karolyn como a mí nos agradaba su relación. Debido a su edad y experiencia pasada, ni Marcos ni Silvia creyeron necesaria la consejería prematrimonial. Fueron bastante felices en sus primeros matrimonios y daban por sentado que estarían felizmente casados de nuevo.

Dos años después, Marcos llamó otra vez. Su tono era mucho más sombrío: «Creo que necesitamos ayuda», dijo. «Tenemos algunos desacuerdos bastante graves, y lo cierto es que no podemos ponernos de acuerdo. Tal vez cometiera un error al casarme de nuevo. Parece que ninguno de los dos está muy feliz».

Durante los siguientes tres meses, me reuní a menudo con Marcos y Silvia. Nos abrimos paso a través de una serie de conflictos relacionados con los hijos, los muebles, el dinero, la jubilación, los vehículos y la iglesia. No obstante, en la raíz de todos sus conflictos no resueltos estaba un tanque de amor vacío. Ninguno de los dos se sentía amado por el otro. Fueron novios durante tres años, por lo que la obsesión del enamoramiento terminó antes de casarse. A pesar de eso, como tenían tanto en común y disfrutaban la compañía del uno con el otro, no lo veían como un problema. Sabían por experiencia que la obsesión del enamoramiento era temporal. Sin embargo, dos años después de la boda, sus diferencias (que pocas veces surgieron antes del matrimonio) llegaron a ser polémicas. Y la falta de amor emocional creó un clima de tensión. No gritaban ni vociferaban entre sí; eran demasiado maduros para eso, pero ambos admitieron que vivían con un alto nivel de frustración emocional.

UN HOMBRE QUE NO «ENTENDÍA»

El lenguaje primario del amor de Silvia era el tiempo de calidad. Antes del matrimonio, Marcos hablaba su lenguaje del amor con fluidez. En sus citas, le prestaba toda su atención. Ella se sentía amada de veras incluso después que se desvaneciera la obsesión del enamoramiento. Sin embargo, acto seguido de la boda, descubrió que vivir con Marcos era muy diferente a ser novia de Marcos. Era una persona demasiado activa, y siempre había «cosas que hacer». Había césped que cortar, arbustos que podar, paredes que pintar, sótanos que limpiar. Siempre había un proyecto.

—Trabaja duro, pero el problema es que no tenemos tiempo para los dos —dijo Silvia—. No es que no aprecie lo que hace. Sí, ¿pero de qué sirve si no podemos pasar juntos un buen rato?

Por otro lado, Marcos no lo entendía en realidad.

—No la entiendo —dijo—. Casi todas las mujeres se alegrarían de tener un esposo como yo. ¿Cómo puede decir que no la amo?

En lugar de responder la pregunta de Marcos antes de tiempo, cambié la conversación preguntando:

—En una escala de cero a diez, ¿cuánto amor sientes que viene de Silvia?

Guardó silencio por un momento y luego dijo:

—Ahora mismo, más o menos cero. Todo lo que hace es criticarme. Nunca pensé que llegaría a esto. Antes de casarnos, siempre fue muy positiva. Cuando pinté la sala de su casa y cambié las ventanas de su dormitorio, no pudo decir lo suficiente sobre lo genial que era. Ahora, hago lo mismo en nuestra casa y no cuenta para nada.

El lenguaje primario del amor de Marcos era el de palabras de afirmación. En lugar de explicarles, les di un ejemplar de *Los 5 lenguajes del amor*.

—La respuesta a su matrimonio está en este libro —les dije. Quiero que lo lean con suma atención, y me gustaría que dentro de dos semanas me dijeran por qué ninguno de ustedes se siente amado.

No creo que ninguno de los dos estuviera muy impresionado con mi enfoque, pero ambos acordaron leer el libro.

Dos semanas más tarde, la atmósfera era muy diferente. Entraron a mi oficina sonriendo.

—Ahora sabemos por qué querías que leyéramos este libro antes de casarnos —dijo Silvia—. Me hubiera gustado escucharte entonces.

Me resistí al deseo de decir: «También me gustaría que lo hubieras hecho». En cambio, dije:

—No puedes volver a vivir los últimos dos años, pero puedes hacer que el futuro sea muy diferente.

CÓMO SE LLENA EL TANQUE DE AMOR DE SILVIA

—Entonces, ¿cuál es el lenguaje del amor de Silvia? —le pregunté a Marcos.

—Sin duda, tiempo de calidad —dijo—. Durante dos años estuve haciendo proyectos cuando lo que necesitaba era que me sentara y hablara con ella, la llevara a pasear al campo y caminara por el vecindario después de la cena. Siempre estuve demasiado ocupado para esas cosas. Ahora me doy cuenta de que estaba equivocado. Como no hablaba su lenguaje del amor, ella hacía lo único que sabía hacer: refunfuñar.

—¿Y cuál es tu lenguaje del amor? —le pregunté.

—Mi lenguaje primario del amor es el de palabras de afirmación, por lo que su queja era como un cuchillo en mi corazón.

—Ahora me doy cuenta de lo que hice —dijo Silvia—. Mi tanque de amor estaba muy vacío. Ni siquiera sabía que tenía un tanque de amor, así que de seguro que no me daba cuenta de que estaba vacío. Hacía lo que era natural para mí: trataba de expresar mi necesidad. Ahora veo que parecía condenarlo. En lugar de afirmarlo por todas las cosas buenas que hacía, lo criticaba porque no satisfacía mis necesidades más profundas. Nos pedimos perdón el uno al otro, y sabemos que el futuro será diferente.

—Le prometí que tendremos una cita todas las semanas —dijo Marcos—. Y daremos un paseo después de cenar al menos una noche a la semana, tal vez dos. Y cada tres meses, vamos a hacer un viaje de fin de semana.

—Es como si comenzáramos de nuevo nuestro matrimonio —dijo Silvia—; solo que esta vez sabemos cómo amarnos el uno al otro. Marcos es uno de los hombres más trabajadores que he conocido. Y a partir de ahora, me aseguraré de que sepa que aprecio eso de él.

Ha pasado más de una década desde esa conversación con Marcos y Silvia. Hace poco, Silvia me dijo: «No puedo agradecerte lo suficiente por el tiempo que pasaste con nosotros. Literalmente salvó nuestro matrimonio», y Marcos me dijo: «Quiero que sepas que no podría estar más feliz».

En medio de la crisis, Marcos y Silvia descubrieron algo que podría haberse resuelto cuando eran novios. Lo lamentable es que hicieron lo mismo que hacen miles de personas: suponen que la relación de amor continuará después del matrimonio sin mucho (o ningún) esfuerzo. Antes del matrimonio, hablaban el lenguaje del amor del otro, pero no eran conscientes de lo que hacían. El contexto del noviazgo le facilitaba a Marcos darle tiempo de calidad a Silvia. Era el centro de su atención mientras estaban juntos. Como se sentía amada, a ella le resultaba fácil darle palabras de afirmación.

Si el amor romántico te lleva al matrimonio, asegúrate de seguir hablando el lenguaje del amor de tu pareja. Recuerda, esto requiere un trabajo real, pero vale la pena el esfuerzo. El contexto del matrimonio es muy diferente al contexto del noviazgo. En la normalidad de la vida matrimonial, Marcos se ocupaba de cosas que pensaba que serían importantes para ella, pasando por alto lo más importante: el tiempo de calidad. Cuando Silvia dejó de darle palabras de afirmación, su tanque de amor se agotó en seguida. Sin amor emocional, sus diferencias se convirtieron en campos de batalla, y ambos cuestionaron la sensatez de su matrimonio.

Además, sin una comprensión de la naturaleza del amor, de seguro que su matrimonio habría terminado en divorcio.

¿POR QUÉ CASARSE?

Lo que buscamos casi todos

Bueno, si es tan difícil y las probabilidades no son tan buenas, quizá surja esta pregunta: ¿Por qué molestarse? Con tantos matrimonios que terminan en divorcio, ¿por qué correr el riesgo? La respuesta simple es que todos deseamos amar y ser amados de manera única, y eso nos lleva a la mayoría de nosotros a una relación matrimonial de pacto.

El contexto del matrimonio es muy diferente al contexto del noviazgo.

Si los adultos solteros de cualquier edad logran comprender la naturaleza del amor y cómo expresarlo de manera eficaz, pueden tener los matrimonios fuertes y duraderos que desean. Por lo tanto, mi ruego para cada soltero que lea este libro es que (1) aplique estos principios en cada relación de pareja; (2) acepte la euforia de la obsesión del enamoramiento por lo que es: emocionante, pero temporal; y que se (3) comprometa con un amor intencional expresado en el lenguaje primario del amor de la otra persona.

Cuando las personas en relaciones de pareja hacen estas cosas, pueden evaluar los demás aspectos de la vida que los ayudarán a tomar una decisión sabia sobre el matrimonio.

Matrimonio: ¿Cuál es el propósito?

Antes de explorar esos «otros aspectos», tal vez debamos hacer una pausa el tiempo suficiente como para preguntar: «¿Cuál es el propósito del matrimonio?». Si le haces la pregunta a una docena de amigos, puedes recibir una docena de respuestas. Estas son algunas de las respuestas que he recibido de muchos adultos solteros con los que he interactuado a lo largo de los años:

1. Compañerismo
2. Sexo
3. Amor
4. Proporcionar un hogar para los hijos
5. Aceptación social
6. Ventaja económica
7. Seguridad

Entonces, ¿no pueden lograrse estos objetivos fuera del matrimonio? Sí, aunque abundantes investigaciones revelan que las personas casadas son más felices, más sanas y están mejor en lo económico[1]. No obstante, el propósito del matrimonio es más profundo que cualquiera de estos siete objetivos.

La necesidad más profunda de la humanidad

En el antiguo relato bíblico de la creación, Dios dice de Adán: «No es bueno que el hombre esté solo». La respuesta de Dios a la necesidad del hombre fue: «Voy a hacerle una ayuda adecuada»[2]. La palabra hebrea para adecuado literalmente significa «cara a cara». La imagen es que Dios creó a alguien con quien el hombre podría tener una relación cara a cara. Habla de ese tipo de relación profunda y personal en la que los dos seres están unidos en una unión inquebrantable que satisface los más hondos anhelos del corazón humano.

El matrimonio es la respuesta de Dios para la necesidad más profunda de la humanidad: la unión de una vida con otra. Por supuesto, ese mismo relato antiguo de la creación dice de Adán y Eva: «Serán una sola carne»[3].

La historia psicológica de la humanidad está repleta de nuestro deseo de conexión. Creo que el matrimonio se diseñó para que sea la más íntima de todas las relaciones humanas. El esposo y la esposa compartirán la vida intelectual, emocional, social, física y espiritual, y disfrutarán la vida a tal grado que se convertirán en «una sola carne». Esto no significa que las parejas casadas pierdan su individualidad, pero sí significa que tienen un profundo sentido de unidad.

Este tipo de unión no se produce sin un compromiso profundo y duradero. El matrimonio no es un contrato para legalizar las relaciones sexuales. No es una simple institución social para proporcionar el cuidado de los hijos. No es solo una clínica psicológica donde obtenemos el apoyo emocional que necesitamos. No es un medio de ganar estatus social ni seguridad económica. El objetivo final del matrimonio ni siquiera se logra cuando es el vehículo para el amor y el compañerismo, por muy valiosos que sean estos.

El propósito supremo del matrimonio es la unión de un hombre y una mujer en el nivel más profundo posible y en todos los aspectos de la vida, lo que a su vez le brinda la mayor sensación de plenitud posible a la pareja y sirve mejor a los propósitos de Dios para sus vidas.

¿CÓMO DOS LLEGAN A SER UNO?

Si el objetivo del matrimonio es la unión profunda de dos personas en cada aspecto de la vida, ¿qué implicaciones tiene este objetivo para una persona que está considerando el matrimonio? El acto de casarse no solo le da a la pareja este tipo de unidad. Hay una diferencia entre «estar unidos» y «unidad».

Si nuestra meta es la unidad, la pregunta clave antes del matrimonio debe ser: «¿Qué razones tenemos para creer que podemos llegar a ser uno?». Al examinar las esferas de la vida intelectual, social, emocional, espiritual y física, ¿qué encontramos? ¿Tenemos suficiente en común en estos aspectos a fin de proporcionar el cimiento para la unidad? Ninguna casa debe construirse sin un cimiento adecuado. Del mismo modo, ningún matrimonio debe iniciarse hasta que la pareja explore su cimiento.

¿Qué significa esto en un sentido práctico? Significa que las parejas que piensan en el matrimonio deben pasar tiempo analizando cada aspecto básico de la vida para determinar quiénes son. He conocido bastantes parejas casadas que tienen muy poca comprensión de los intereses intelectuales mutuos. Muchos se casan con solo una comprensión superficial de la personalidad o de la constitución emocional de su pareja. Otros se casan pensando que los valores religiosos y morales no son importantes y, por lo tanto, los tienen a menos. Si quieres un matrimonio íntimo, ¿no tiene sentido construir un cimiento sólido? Las páginas restantes de este capítulo son para solteros en relaciones de pareja que desean evaluar los cimientos de sus relaciones (mientras intentan hablar el lenguaje del amor de su pareja), a la vez que consideran el matrimonio.

Unidad intelectual

A fin de explorar como es debido los cimientos de la unidad intelectual, debes ser muy práctico. Prueba esto: reserva un tiempo de noviazgo específico para discutir entre sí los tipos de libros que leen. Esto revela algo de sus intereses intelectuales. Si uno de los dos no lee libros en realidad, esto también es revelador. ¿Siguen las noticias con regularidad? ¿Qué clase de programas de televisión disfrutan más? ¿De qué sienten curiosidad? La respuesta a todas estas preguntas indicará algo de sus intereses intelectuales.

También deben considerar las calificaciones escolares y la cantidad de educación académica que tiene cada uno. Esto no quiere decir que deban tener los mismos campos de intereses intelectuales, sino que deben poder comunicarse entre sí al mismo nivel intelectual. Muchas parejas despiertan poco tiempo después de casarse y descubren que este aspecto de la vida estaba fuera de los límites debido a la incapacidad de entendimiento mutuo. Nunca lo consideraron antes del matrimonio.

Aquí no me refiero a la perfección, sino a construir cimientos. ¿Tienen suficiente en común intelectualmente como para poseer una base para el crecimiento? Esto quizá se responda mejor al intentar algunos ejercicios de crecimiento. Acepten leer el mismo libro y pasen algún tiempo de calidad discutiendo sus conceptos.

¿Tienen suficiente en común intelectualmente como para poseer una base para el crecimiento?

Una vez a la semana, lean el artículo principal en su sitio web de noticias preferido y analicen sus méritos e implicaciones. Esto revelará mucho sobre su estado actual y potencial para el crecimiento futuro en la intimidad intelectual.

Unidad social

Todos somos criaturas sociales, pero nuestros intereses sociales a menudo difieren en gran medida. Te debes a ti mismo y a los demás para explorar los cimientos. ¿Eres un fanático de los deportes? ¿Cuántas horas a la semana pasas viendo el canal de deportes? (¿Crees que esto va a cambiar después del matrimonio?). ¿Cuáles son tus intereses musicales? ¿Qué me dices de la ópera... el ballet... las canciones góspeles? (¿Te dio escalofríos leer alguno de estos? ¿Qué me dices de tu pareja?). Recuerdo a la joven esposa que dijo: «A él le encanta el *hip-hop*, ¡y yo no lo soporto!». Nunca pareció importante antes del matrimonio. Me pregunto por qué. ¿Quizá se debiera a la obsesión del «enamoramiento»?

¿Qué tipo de actividades recreativas disfrutan? ¿Alguna vez han oído hablar de las «viudas del golf»? ¿Disfrutan de las fiestas? Y, de ser así, ¿qué tipo de fiestas? Estas son preguntas que no pueden darse el lujo de no contestar.

«¿Debemos tener los mismos intereses sociales?», preguntas. No, pero deben tener un cimiento para la unidad. ¿Tienen suficiente en común que pueden comenzar a crecer juntos? Tal crecimiento social debe empezar antes del matrimonio. Si no es así, es probable que no comience después. Ponte a prueba. Acude a cosas que no aprendieras a disfrutar antes. Comprueba si puedes aprender a disfrutar de algunas de las mismas cosas. Si descubres que marchan por dos direcciones diferentes en lo social, recuerda que el objetivo del matrimonio es la unidad. Pregúntate: *Si nunca cambia su interés social actual, ¿estaré feliz de vivir a su lado por el resto de mi vida?*

¿Qué me dices de tu personalidad? ¿Podrías escribir un párrafo descriptivo sobre el tipo de persona que eres? Entonces, ¿por qué no hacerlo? Logra que tu futura pareja haga lo mismo. Coméntenlo entre sí y analicen sus propios conceptos al compararlos con la manera en que se muestran ante los demás.

¿Se entienden lo suficiente como para creer que pueden trabajar en equipo? Claro, tu personalidad puede complementar la de tu pareja, ¿pero esta quiere que se complemente?

¿Qué conflictos han tenido en su relación de noviazgo? ¿Qué ven como posibles aspectos problemáticos cuando piensan en vivir juntos? Analicen esto con franqueza. ¿Pueden progresar en la superación de estas dificultades antes del matrimonio? Si hay un problema sin resolver antes del matrimonio, se desarrollará después del matrimonio.

Esto no significa que sus personalidades deban ser idénticas, pues podría dar lugar a un matrimonio bastante aburrido. Sin embargo, debe haber una comprensión básica de la personalidad del otro y una idea de cómo se relacionarán entre sí. Los choques de personalidades no se resolverán con solo casarse.

Unidad emocional

Debido a la euforia de la experiencia del «enamoramiento», muchas parejas sienten que tienen una verdadera intimidad emocional. Como me dijera una persona: «Esta es la parte más fuerte de nuestra relación. En realidad, nos conectamos de manera emocional». Sin embargo, cuando disminuye la euforia, algunas parejas descubren que el cimiento para la intimidad emocional es muy débil. Experimentan sentimientos de separación y distanciamiento. Una recién casada nos confió: «No sé cómo podría haberme sentido tan cerca de él hace seis meses, cuando hoy siento que ni siquiera lo conozco».

¿Qué es la intimidad emocional? Es ese profundo sentimiento de estar conectado el uno con el otro. Es sentirse *amado*, *respetado* y *apreciado*, mientras que al mismo tiempo se procura corresponder de igual manera.

Sentirse amado es percibir que la otra persona se preocupa de veras por tu bienestar. El respeto tiene que ver con sentir que tu cónyuge en potencia tiene una consideración positiva por tu condición de ser humano, intelecto, habilidades y personalidad. El aprecio es el sentir interno de que tu pareja valora tu contribución a la relación. Exploremos estos tres ingredientes para la unidad emocional.

La evidencia de amor genuino incluye hablar el lenguaje primario del amor de cada uno con regularidad. Después de analizar los conceptos en este libro y descubrir el lenguaje del amor el uno del otro, pregúntate: ¿Con qué fluidez lo hablan? ¿Cuánto intentas tú, y tu pareja, hablar mutuamente los lenguajes del amor? El respeto comienza con esta actitud: «Reconozco que eres una criatura muy valiosa. Dios te dotó con ciertas habilidades y emociones. Por lo tanto, te respeto como persona. No profanaré tu valía haciendo comentarios críticos sobre tu intelecto, juicio o lógica. Trataré de comprenderte y darte la libertad de pensar de forma diferente a la mía y de experimentar emociones que quizá yo no experimente». El respeto significa que le das a la otra persona la libertad de ser un individuo.

También debes hacerte esta pregunta: ¿Te respeta la persona que estás considerando que sea tu cónyuge? Lo sabrás por la manera en que tenga en cuenta tus ideas, emociones y sueños.

También debes hacerte esta pregunta: ¿Te *respeta* la persona que estás considerando que sea tu cónyuge? Lo sabrás por la manera en que tenga en cuenta tus ideas, emociones y sueños.

El tercer elemento de la unidad emocional es sentirse *apreciado*. Cuando expresamos aprecio, significa que reconocemos el valor de la contribución de la otra persona a nuestra relación. Cada uno de nosotros emplea la energía y las capacidades de maneras que benefician nuestra relación. Sentir que nuestra pareja potencial reconoce nuestros esfuerzos y los aprecia forja una intimidad emocional entre ambos.

Esta apreciación puede parecer que se elogian el uno al otro. Ella podría decir: «Gracias por enviarme un mensaje de texto cuando te diste cuenta de que ibas a llegar tarde. Considero mucho que pensaras en mí». O: «Gracias por invitarme a cenar. Sé cuánto trabajo lleva esto, y lo aprecio de veras». Tales declaraciones comunican aprecio. Por otro lado, si tus actos detallistas pasan inadvertidos, puedes comenzar a sentirte poco apreciado, y el distanciamiento emocional se desarrolla entre los dos.

La apreciación también puede enfocarse en las habilidades: «Me encanta oírte cantar. Tienes mucho talento». O la personalidad: «Estoy muy agradecido por tu espíritu positivo sobre las cosas. Sé que te decepcionaste anoche cuando tuve que cancelar nuestra cita, pero me hizo sentir mucho mejor cuando me dijiste que lo entendías». La apreciación requiere concentración. Antes que todo, debo ser observador de las acciones, palabras, actitudes y personalidad de la otra persona. Entonces, debo tomar la iniciativa para expresar mi gratitud.

Si hay amor genuino, respeto y aprecio, experimentarán la unidad emocional. Analicen estos tres ingredientes antes del matrimonio. Exprésense el uno al otro lo que les hace sentirse amados, respetados y apreciados[4]. El nivel hasta el cual desarrollen la unidad emocional antes del matrimonio marcará el ritmo de su intimidad después del matrimonio.

Unidad espiritual

Los cimientos espirituales a menudo son los que se excavan menos, incluso por parejas que asisten con regularidad a la iglesia. Muchas parejas casadas encuentran que su mayor desilusión en el matrimonio es que hay muy poca unidad en este aspecto. «Nunca oramos juntos», dijo una esposa. Otra dijo: «La iglesia es algo que hacemos de forma individual. Aunque nos sentamos juntos, nunca hablamos de lo que experimentamos». En lugar de la unidad, existe un creciente aislamiento, justo lo contrario de lo que deseamos en el matrimonio.

Demasiadas discusiones prematrimoniales sobre religión se refieren solo a la asistencia a la iglesia y otros asuntos externos. No logran lidiar con los problemas más básicos e importantes: «¿Tu novio es cristiano?», pregunto a menudo. La respuesta común es: «Ah, sí, es miembro de la iglesia San Marcos».

No me refiero a la membresía de la iglesia, las donaciones benéficas ni a la tradición familiar. Me refiero al cimiento espiritual para el matrimonio. ¿Están los dos de acuerdo en que hay un Dios infinito y personal? ¿Conocen a este Dios? Estas preguntas llegan al meollo del asunto.

No es suficiente estar asociados con organizaciones religiosas similares. Es una cuestión de creencias personales. Por ejemplo, si la mujer tiene un profundo compromiso con Jesucristo como Señor y siente la dirección de Dios en el trabajo misionero, pero el hombre tiene visiones de riqueza y éxito en el mundo financiero, ¿poseen un cimiento adecuado para el matrimonio?

Aquí tienes preguntas legítimas a considerar: ¿Sus corazones laten al mismo ritmo en lo espiritual? ¿Se animan entre sí en el crecimiento espiritual, o está alguno tirando con amabilidad, pero de manera constante, en dirección contraria? Los cimientos espirituales son importantes. En realidad, son los más importantes, pues influyen en todos los demás aspectos de la vida y la unidad.

Unidad física

Si se sienten físicamente atraídos el uno por el otro, es probable que tengan las bases para la unidad física. Sin embargo, hay un hecho interesante sobre la unidad sexual: no se puede separar de la unidad emocional, espiritual y social. Es más, los problemas que se desarrollan en el aspecto sexual del matrimonio casi siempre tienen su raíz en una de estas otras esferas. La incompatibilidad física es casi inexistente. El problema yace en otras esferas, solo que se manifiesta en la sexual.

Hay algunas cosas que se deben hacer para determinar la naturaleza del cimiento en este aspecto de la vida. Si te diriges hacia el matrimonio, es esencial un examen físico completo para ambos cónyuges. Con diecinueve millones de nuevos casos de enfermedades de transmisión sexual cada año[5], casi la mitad entre las edades de quince a veinticuatro, el matrimonio sin un examen físico es como jugar a la ruleta rusa. Entonces, tienes que afrontar de manera realista las implicaciones de tal enfermedad. Para algunas enfermedades de transmisión sexual no existen curas, solo medicamentos para ayudar a controlar los síntomas. ¿Estás dispuesto a vivir con esta realidad en una pareja de matrimonio?

La revolución sexual de la década de 1960 marcó el comienzo de una gran división entre el ejercicio de la sexualidad y la institución del matrimonio. El mensaje era que ambas cosas dejaron de necesitarse entre sí. Como ya analizamos, esto ha creado todo tipo de problemas, y una vida sexual satisfactoria es más esquiva que nunca para la generación actual. La investigación indica que «las personas monógamas comprometidas con una pareja para toda la vida son las más satisfechas sexualmente desde el punto de vista físico y emocional»[6].

Creo que la mayoría de las personas que tienen relaciones sexuales fuera del matrimonio lo hacen por deseo sincero de encontrar intimidad. Lo lamentable es que las relaciones sexuales no crean intimidad. El sexo fuera del matrimonio a menudo desvía el proceso de forjar la intimidad, y se convierte en sí mismo en una fuente de gran dolor físico y emocional.

Reconozco que muchos adultos solteros que leen este libro han experimentado ese dolor. Como ministro de la esperanza, mi respuesta es la misma que si el problema estuviera en otra esfera. El mensaje de la iglesia cristiana permanece: el arrepentimiento y la fe en Jesucristo siguen siendo la respuesta para hombres y mujeres que no han dado en el blanco. No permitas que los errores del pasado causen que te des por vencido. Perder una batalla no significa que la guerra está perdida. No podemos volver sobre nuestros pasos y no podemos deshacer el pasado. Sin embargo, podemos trazar nuestro rumbo para el futuro. No disculpes el comportamiento del presente debido a algo malhecho en el pasado. Confiesa tu error y acepta el perdón de Dios[7].

Afronta las cicatrices

Tal acción de tu parte no significa que se erradicarán todos los resultados de tu pasado sexual. Dios perdona, pero los resultados naturales de nuestro comportamiento no se eliminan por completo. Un hombre que se emborracha y choca su auto contra un poste de teléfono, resultando con la fractura de un brazo y un auto destrozado, puede tener el perdón de Dios antes de ir al hospital, pero su brazo sigue fracturado y su automóvil perdido. Por lo tanto, en nuestro comportamiento moral, las cicatrices del fracaso no se eliminan por completo mediante la confesión. ¿Qué vamos a hacer con estas cicatrices?

El desafío bíblico es a ser sinceros en todas las cosas[8]. Si fuimos sexualmente activos en el pasado y ahora pensamos con seriedad en el matrimonio, debemos ser sinceros con nuestra pareja potencial. Revela por completo lo que te sucedió en el pasado. El matrimonio no tiene armarios para guardar secretos. Tu pasado es tu pasado, y nunca se puede cambiar. Confía en tu pareja para que te acepte tal como eres, no como esta desearía que fueras. Si no se puede experimentar tal aceptación, no debe consumarse el matrimonio. Debes entrar al matrimonio con todas las cartas encima de la mesa.

Además de la aceptación de tu pareja potencial, también debes aceptarte a ti mismo y superar tu pasado. Por ejemplo, si tienes una actitud negativa hacia el sexo debido a experiencias pasadas, no debes barrer esto debajo de la alfombra y continuar como si no existiera tal actitud. Afróntalo, y lidia con eso.

Esto quizá implique consejería, y de seguro involucra la exploración de la sanidad espiritual. Para el cristiano, esto comienza con un estudio en profundidad de lo que las Escrituras enseñan acerca de nuestra sexualidad. Uno no puede salir de tal estudio sin la impresión de que la visión bíblica de las relaciones sexuales dentro del matrimonio es positiva. Son saludables, hermosas y ordenadas por Dios. Una comprensión de la verdad te liberará de las actitudes negativas. Dale gracias a Dios por la verdad y pídele que cambie los sentimientos, a fin de que coincidan con la verdad. No estás destinado a fracasar en el matrimonio debido a errores del pasado. Tendrás obstáculos que superar que no existirían si hubieras seguido el ideal de Dios. Aun así, Él vino para sanar nuestras enfermedades y ayudarnos a alcanzar nuestro potencial.

En esta sección, analizamos los cimientos de la unidad conyugal. Si el sexo es tu único objetivo, los asuntos discutidos quizá sean hasta cierto punto poco importantes. Si solo quieres que alguien cocine tus comidas o pague el alquiler, lo único que necesitas es una pareja dispuesta a eso. Por otro lado, si tu objetivo es la unidad total de la vida, debes examinar de cerca el cimiento. Si descubres que el cimiento no es lo bastante fuerte como para soportar el peso de un compromiso de por vida, no debes casarte.

Un estudio nacional reveló que el ochenta y siete por ciento de los adultos solteros que nunca se han casado dijeron que querían tener un matrimonio que durara toda la vida[9]. Han visto los resultados del divorcio en la vida de sus padres, y eso no es lo que desean. Tomar una decisión sabia con respecto a la persona con la que te vas a casar es el primer paso para tener un matrimonio satisfactorio y para toda la vida.

ASUNTOS A TENER EN CUENTA

Si estás involucrado en una relación de pareja que tiene el potencial de conducirte al matrimonio, las siguientes preguntas serán un buen punto de partida:

1. *¿Mi pareja y yo estamos en la misma longitud de onda en lo intelectual? (Realicen algunos de los ejercicios mencionados en este capítulo: lean un periódico o un artículo de noticias en línea, y analicen sus méritos e implicaciones, lean un libro y comenten entre sí sus impresiones).*
2. *¿Hasta qué punto hemos estudiado el cimiento de nuestra unidad social? (Exploren las siguientes esferas: deportes, música, danza, fiestas y aspiraciones vocacionales).*
3. *¿Tenemos una comprensión clara de la personalidad, y los puntos fuertes y débiles de cada uno? (Realicen un perfil de personalidad. Por lo general, esto se hace bajo la dirección de un consejero que interpretará la información y los ayudará a descubrir posibles esferas de conflictos de personalidad).*
4. *¿Hasta qué punto hemos excavado nuestros cimientos espirituales? (¿Cuáles son sus creencias sobre Dios, las Escrituras, la religión organizada, los valores y la moral?).*
5. *¿Somos sinceros el uno con el otro respecto a nuestras historias sexuales? (¿Han llegado lo bastante lejos en su relación para sentirse cómodos hablando de esto?). ¿Hasta qué punto analizan sus opiniones sobre la sexualidad?*
6. *¿Hemos descubierto los lenguajes primarios del amor de cada uno y los hablamos? (En el contexto de un tanque de amor lleno es que somos más capaces de explorar con sinceridad los cimientos de nuestra relación).*

LOS 5 LENGUAJES DEL amor
EDICIÓN PARA SOLTEROS

12

NO SON SOLO PARA RELACIONES ROMÁNTICAS:

Compañeros de cuarto, de clase y de trabajo

La vida en el dormitorio de estudiantes de primer año no era una de las cosas que Ramiro esperaba de la universidad. Estaba acostumbrado a tener su propio cuarto. La idea de vivir con otra persona no era agradable. Ramiro era organizado y disciplinado. Su mayor temor era tener un compañero de cuarto como su hermano menor: desordenado e indisciplinado.

Después de dos meses en su primer año, los viejos temores de Ramiro eran su nueva realidad. Su compañero de cuarto, Braulio, era un «fiestero». Su escritorio parecía un montón de basura, su litera nunca estaba hecha, y su ropa sucia estaba por todas partes.

Ramiro no era una persona dada a la confrontación, por lo que no le decía nada a Braulio, pero por dentro estaba furioso. Hacía varios años que conocía a Ramiro, así que cuando lo vi un fin de semana, sin querer le pregunté:

—¿Qué tal te va en la universidad?

«... A PUNTO DE VOLVERME LOCO»

—En la universidad me va bien —dijo—, pero mi compañero de cuarto está a punto de volverme loco.

—¿Cómo es eso? —pregunté.

Ramiro procedió a contarme su dilema, concluyendo:

—Me va tan mal que de veras pensé en mudarme a casa y viajar a la universidad. Sin embargo, mamá y papá no quieren que haga eso.

»Braulio me cae bien como persona, pero no puedo soportar su desorden. ¿Se le ocurren algunas ideas?

Ramiro estaba desesperado, así que le dije:

—En realidad, las tengo. Como sabes, no podemos hacer que otras personas cambien —dije al comenzar con lo obvio—. A pesar de eso, podemos influir en las personas para que hagan cambios.

»La mejor manera de tener una influencia positiva en una persona es amándola. Recuerdas nuestra clase de *Los 5 lenguajes del amor*, ¿verdad?

—Ah, sí —dijo—. Me ayudó mucho en mis citas amorosas. En cambio, esta no es una relación romántica.

—Entiendo —dije, sonriendo—, pero es una relación humana. Y todos los humanos necesitan sentirse amados. Si vas a pedirle a alguien que haga un cambio en su comportamiento, lo más probable es que veas ese cambio si la persona se siente amada y apreciada por ti.

Le pregunté a Ramiro si conocía el lenguaje primario del amor de Braulio. No estaba seguro, así que escribí los cinco en una hoja de papel y se la entregué. Luego, le pregunté si sabía cuáles de esos lenguajes del amor les expresaba Braulio con más frecuencia a los demás.

Los ojos de Ramiro recorrieron la lista, y en seguida descartó actos de servicio y toque físico. Luego dijo:

—Creo que es el de palabras de afirmación. Siempre me da las gracias por pequeñas cosas. Es una persona muy positiva.

—¿Alguna vez lo escuchas quejarse de algo?

—Bueno —dijo Ramiro después de reflexionar por un momento—, la semana pasada estaba hablando sobre su padre y dijo: "Me encantaría que mi papá pudiera ser más positivo respecto a la vida. Siempre está decepcionando a mi mamá, y no me gusta eso. No se da cuenta de cómo le duelen sus palabras".

—Y es obvio que lo lastimó —agregué—. Creo que tienes razón. Pienso que el lenguaje del amor de Braulio es el de palabras de afirmación. Entonces, si quieres que se sienta amado y apreciado, debes expresarle palabras de afirmación antes de pedirle cambios de comportamiento.

—Aun así, ¿en qué puedo afirmarlo? —dijo—. Ese es el problema. Es muy abandonado.

—Veamos otros aspectos de su vida —le sugerí—. Si tuvieras que señalar algo positivo sobre Braulio, ¿qué dirías?

—Bueno, es sociable, amistoso y, como dije, es positivo. Me prestó algunas monedas la otra noche cuando me preparaba para lavar la ropa. No lo sé. Tiene algunas cosas positivas. Solo me cuesta verlas con su ropa sucia por toda la habitación.

«ME GUSTARÍA...»

—Concentrémonos en eso por un momento —le dije—. ¿Qué cambios específicos te gustaría ver en Braulio?

—Me gustaría ver que mantiene sus calcetines sucios fuera de mi silla.

—Vamos a escribir eso —le dije a Ramiro y le di un bolígrafo—. Haz una lista, y yo haré otra. ¿Qué más cambios te gustaría ver?

—Me gustaría que pusiera su ropa sucia en una bolsa de lavandería en el armario. Me gustaría que tirara sus latas vacías de Coca-Cola en la basura para reciclar. Me gustaría que también tirara a la basura los envoltorios de caramelos. El otro día, encontré una barra de chocolate en su escritorio, a medio comer, cubierta de hormigas.

»Me gustaría que dejara sus libros en su escritorio, no en el mío. Su escritorio está tan abarrotado que no tiene espacio para sus libros.

Podría decir que todo esto era demasiado irritante para Ramiro.

—¿Algo más? —le pregunté.

—Eso es suficiente por ahora —dijo—. Y otra cosa: Me gustaría que pudiera mantener sus zapatos debajo de la cama o en el armario, no en medio del piso.

—Me parecen expectativas razonables —le dije—. Ahora voy a darte una estrategia para ver estos cambios. Durante las próximas tres semanas, no le menciones ninguna.

—Ah, ni se las he mencionado —dijo Ramiro—, excepto lo de la invasión de hormigas.

—Muy bien —le dije—. Si quieres que una persona cambie el comportamiento, al final tienes que decirle lo que te gustaría que cambiara. La gente no puede leer nuestras mentes. No saben de forma automática lo que nos irrita. Sin embargo, ese no es el lugar para comenzar. Durante las próximas tres semanas, quiero que te concentres en las cosas positivas que puedes decir sobre Braulio.

BRAULIO ORDENA SUS COSAS

—Establece un objetivo para hacerle una declaración de afirmación todos los días durante las próximas tres semanas. Si su lenguaje primario del amor es el de las palabras de afirmación, al final de las tres semanas comenzará a sentirse querido y apreciado por ti. Entonces, puedes hacerle una petición. Elije una de la lista que hiciste y solo di: "Braulio, me gustaría pedirte algo. Si es posible, ¿podrías poner tus zapatos debajo de la cama o en el armario? Me encuentro tropezando con ellos cuando los dejas en medio de la habitación".

»Luego, le dices: "Por cierto, si hay algo que estoy haciendo que te moleste y te gustaría verme cambiar, de seguro que estaría dispuesto a cambiar. Quiero que tengamos una buena relación de trabajo". Si Braulio hace una sugerencia, haz el cambio según tus posibilidades.

»Después de ese primer encuentro, continúas expresándole palabras de afirmación al menos tres veces a la semana y, cada dos semanas, hazle una petición adicional hasta que agotes tu lista. También cada semana debes estar dispuesto a la posibilidad de hacer un cambio. Si esto no resulta, tienes mi permiso para cambiar de compañero de cuarto en el segundo semestre. Si una persona va a cambiar, lo más probable es que lo haga cuando se sienta querida y aceptada por la persona que le pide el cambio.

—Tiene mucho sentido, y no cabe duda de que lo intentaré —dijo Ramiro, a pesar de que no estaba muy optimista.

Sabía que Ramiro era la clase de persona que sería concienzuda a la hora de seguir el plan que nos trazamos.

No volví a ver a Ramiro hasta las vacaciones de Navidad. Repetí mi pregunta original:

—¿Qué tal te va en la universidad?

Una sonrisa se dibujó en su rostro cuando dijo:

—Usted es increíble.

—¿Por qué dices eso? —le pregunté.

—Cuando me senté en su oficina esa tarde, nunca creí que lo que decía daría resultado en realidad. Sin embargo, Braulio y yo estamos desarrollando una verdadera amistad. Sus zapatos están debajo de su cama, su ropa sucia casi siempre está en la bolsa de la lavandería, y sus latas de Coca-Cola están en la basura. Incluso, encontró la papelera de reciclaje en el pasillo, y ahora se ocupa de eso.

—Entonces, ¿qué cambios te pidió? —le pregunté.

—El mayor fue que consiguiera una lámpara para mi escritorio, de modo que cuando estudiara después de la medianoche, tanta luz no lo mantuviera despierto.

—¿Alguna otra petición? — averigüé con cautela.

—Bueno —dijo Ramiro sonriendo—, me pidió que dejara de abrazar a su novia cada vez que la viera. Eso no significaba nada para mí. Soy muy dado a abrazar, pero eso lo irritaba. Entonces, dejé de hacerlo.

—¿Y el resto de las cosas en la universidad van bien? —le pregunté.

—Van geniales —dijo—. Me encanta la universidad.

—Me alegro —dije—, pero debo corregir algo. Yo no soy increíble, el amor sí que es increíble.

Ambos sonreímos y nos abrazamos.

Es importante entender que esta estrategia no fue un intento de Ramiro para manipular a Braulio. La manipulación es el uso del temor o la amenaza para obligar a alguien para que haga algo en contra de su voluntad. El amor es un esfuerzo por hacer algo en beneficio de la otra persona y, en ocasiones, a esto le puede seguir una petición que te haga la vida mejor.

Las peticiones y demandas son muy diferentes. El amor crea el clima en el que las peticiones tienen más probabilidades de que se honren. Responder a una petición sincera también es una expresión de amor. Haces algo en beneficio de la persona que realiza la petición. El amor recíproco es el tejido de amistades duraderas.

LAZOS MÁS FUERTES, AMISTADES MÁS FUERTES

Las amistades se cultivan y fortalecen cuando decidimos hablar el lenguaje primario del amor el uno del otro. Nicki y Cristina se conocían desde el octavo grado. En el instituto, ambas estaban muy involucradas con las animadoras. Nunca se perdían un partido. Las chicas hicieron muchos viajes en los autobuses de los equipos atléticos con sus pompones. Durante su último año, cada una salía en citas con un jugador de fútbol. Cristina salía con Randy, el mariscal de campo, y Nicki salía con José, un corredor. Fue un año lleno de actividades y emoción.

Lo lamentable es que también fue un año que terminó en tragedia. Ocho días antes de la graduación, José murió en un accidente automovilístico relacionado con el alcohol. Los ensayos para la graduación continuaron según lo planeado, pero para Nicki fue una época de dolor abrumador.

La pérdida de Nicki

Cristina y Nicki pasaron juntas muchas horas ese verano. Cristina acompañó a su amiga a una clase de duelo impartida en su iglesia. Descubrió el valor de escuchar a Nicki revivir sus experiencias y conversaciones con José. Nicki recordó muchas de sus aspiraciones y, al final, aceptó sus comentarios acerca del consumo de bebidas alcohólicas de José. «Si al menos me hubiera oído», dijo ella.

Cristina escuchaba con empatía y de vez en cuando hacía preguntas. Aprendió en seguida que el dolor a menudo se procesa mejor a través de conversaciones. Cuando el dolor de Nicki lo acompañaban sollozos de dolor, Cristina la abrazaba, y lloraban juntas. El verano estuvo lleno de llanto y conversación.

Aunque Nicki tenía planeado ir a la universidad, no sentía que estuviera preparada en lo emocional, así que aceptó un trabajo en su ciudad natal y se despidió de su amiga. Cristina detestaba dejar a su amiga, pero sabía que la vida tenía que continuar. Y para ella, eso significaba la universidad. Es probable que debido a sus experiencias de ese verano y a su preocupación por Nicki, tomara una clase electiva sobre relaciones humanas en la universidad.

La perspectiva de Cristina

En su clase de relaciones humanas, aprendió sobre los cinco lenguajes del amor y se dio cuenta casi de inmediato que el lenguaje primario del amor de Nicki era el tiempo de calidad y su lenguaje secundario del amor era el toque físico. Sin darse cuenta, estuvo hablando los lenguajes del amor de su amiga todo el verano.

Esto le dio una sensación de profunda satisfacción. También le dio la perspectiva por la que había orado: «¿Cómo puedo ayudar a Nicki a superar esta crisis?». Se comprometió a ir a su casa cada dos fines de semana y pasar tiempo de calidad con su amiga. Después de algunas semanas, invitó a Nicki para que la visitara en el campus cualquier fin de semana que deseara. Fue un semestre de sanidad para Nicki, y en enero se matriculó en la universidad. Estaba lista para seguir con su vida, y muy agradecida por una amiga que la quería.

Los años universitarios iban y venían. Cristina se casó con Randy. Nicki se casó con un joven que conoció en la escuela. Las dos mujeres se mudaron a ciudades diferentes y persiguieron sus sueños. Una vez al año, intentaban pasar un fin de semana juntas en su ciudad natal. Las cosas parecían ir bien hasta que un verano en una de esas visitas de fin de semana, Cristina le dijo a Nicki que temía que Randy estuviera teniendo una aventura amorosa. Los temores se volvieron realidad, y a los seis meses, Randy dejó a Cristina. Estaba devastada.

Recordando la ayuda de Cristina años antes, Nicki se preguntó a sí misma y a su esposo, Set: «¿Qué puedo hacer para ayudar a Cristina?». Conocía el lenguaje del amor de Cristina: actos de servicio. Habían hablado de ello muchas veces, y Cristina se quejaba a menudo de que Randy no ayudaba lo suficiente en la casa. Nicki y Set hablaron y acordaron que si Cristina estaba dispuesta, la invitarían a su ciudad, «le buscarían un lugar para vivir, la ayudarían a conseguir un empleo y también la ayudarían a procesar el dolor del rechazo». Se lo propusieron y Cristina respondió de forma positiva. La amaron a través del dolor y de la recuperación de la salud. Los amigos siempre están al lado de sus amigos (no solo cuando es fácil). Y los amigos que entienden los cinco lenguajes del amor saben cómo estar presente de manera más eficiente.

CONECTARSE DE VERAS, SERVIRSE DE VERAS

Pareciera que mientras más tecnología obtenemos, más amigos tenemos. Mientras más nos conectamos en internet, más nos comunicamos a larga distancia, y mientras más podemos realizar múltiples tareas en todo, más grandes se vuelven nuestros círculos.

Si no tenemos cuidado, esto puede generar un creciente número de conocidos y un decreciente número de amistades reales y auténticas. Sin embargo, vivimos en un mundo nuevo y valiente, y muy bien podría ser que de este grupo de conocidos nazcan esas grandes amistades que anhelamos todos. Aprender a usar tu propio lenguaje primario del amor como medio para alentar y amar a los demás te permite contribuir de manera significativa a la vida de las personas que te rodean.

Marcia, una joven adulta soltera, reconoce que su lenguaje del amor es el de actos de servicio. «Recibo la mayor alegría al servir a los demás», dijo. «En lo profesional, trabajo en la industria del servicio de comidas. Así que me ofrezco para trabajar en la cocina de mi iglesia. Servimos comidas los miércoles por la noche y, en ocasiones especiales, realizamos banquetes. Una de las cosas que más disfruto es la dc organizar el banquete por el Día de los Enamorados para las parejas casadas en nuestra iglesia.

»Por lo general, se dice que las personas solteras siempre quieren recibir», agregó Marcia, «pero creo que los solteros deberían dar. Esta es mi forma de darles a los demás».

Los amigos siempre están al lado de sus amigos (no solo cuando es fácil).

A través de los años, una de mis alegrías personales ha sido encontrar personas que tengan la misma filosofía de Marcia. La hermana de Kelly era madre soltera con problemas financieros. Aportaba todos sus esfuerzos y recursos para mantener a sus hijos, pero nadie le proveía a ella. Entonces, cuando Kelly vio la oportunidad, se ofreció para comprarle a su hermana algunos pares de zapatos y vestidos nuevos.

Al principio, su hermana se mostró reacia, pero cuando Kelly le dijo: «Te amo. Y quiero ayudarte», le brotaron lágrimas de los ojos, y le respondió: «Te lo agradezco». Quizá los regalos no sean el lenguaje primario del amor de su hermana, pero cuando una persona tiene una necesidad real, los regalos que se dan con amor, comunican amor. Recuerda, aunque cada uno tenga un lenguaje primario, aún podemos recibir amor en los cinco lenguajes.

AMA EN EL TRABAJO TAMBIÉN (TÚ PASAS MUCHO TIEMPO CON ESTAS PERSONAS)

Hablar el lenguaje primario del amor de una persona en el trabajo puede forjar la amistad y crear una atmósfera positiva en un entorno que a menudo es estresante. Los compañeros de trabajo aprecian que alguien se tome el tiempo para hablar su lenguaje particular del amor.

Un tiempo difícil: Cómo hablar el lenguaje de Carla

Nancy entabló una amistad con su compañera de trabajo de veinticinco años de edad, Carla, y pronto descubrió que el lenguaje del amor de Carla era el de los regalos. Así que a menudo, le daba a Carla una pequeña muestra de aprecio. Unos meses más tarde, el novio de Carla le propuso matrimonio, y aunque Nancy cuestionaba si el novio era el adecuado para Carla debido a las cosas que se había enterado, no lo condenó.

Después, cuando su prometido rompió el compromiso, Carla estaba devastada por completo. Sabiendo que el lenguaje primario del amor de su joven compañera de trabajo era el de los regalos, Nancy recordó: «Le hice una cesta de golosinas. Le incluí una vela perfumada que sabía que le gustaría, algunos dulces y una tarjeta de regalo para un espá.

»La expresión en su rostro cuando abrió la cesta valía fácilmente un millón de dólares. Además, poder hacer algo así me hace sentir bien».

¿Qué podría ser más importante en la vida que dar y recibir amor? Las amistades se fomentan mediante expresiones significativas de amor, en especial cuando se piensa tanto en amarlas en su propio lenguaje.

Una situación difícil: Cómo mostrarle amor a Becky

Hablar el lenguaje del amor de alguien en el trabajo incluso puede transformar tus actitudes hacia un compañero de trabajo.

Laura tenía una compañera de trabajo con quien estaba resentida. Laura sentía que Becky no realizaba su parte en la carga de trabajo. Quería tener una mejor relación, pero no estaba segura de si esto era posible. Cuando se enteró de los cinco lenguajes del amor, la primera persona que le vino a la mente fue Becky.

«No estaba segura de lo que sucedería», dijo Laura, «pero sabía que tenía que darle una oportunidad. Mi primera tarea fue descubrir el lenguaje primario del amor de Becky. Como no hablamos mucho, sobre todo por mi resentimiento, no tenía la certeza de cómo proceder.

»Recordé algo del estudio bíblico de unas semanas antes. Jesús dijo: "Amen a sus enemigos y oren por quienes los persiguen"[1]. No creía que Becky fuera mi enemiga, ni sentía con exactitud que me estuviera persiguiendo, aunque sí advertía que no me trataba de manera justa. Entonces, oré por ella. Al poco tiempo, me encontré orando para que Dios le expresara su amor a Becky a través de mí.

»Con todo, seguía sin saber su lenguaje primario del amor. Me imaginé que si le daba un regalo, podría pensar que trataba de "comprar su amistad". En esta situación, hablar el lenguaje del amor equivocado podría causar más daño que bien. Así que le pedí a Dios que me ayudara a resolverlo».

Una resolución de Año Nuevo

«Esa oración la hice una semana después de Navidad. Una mañana me desperté, y mientras me preparaba para el trabajo, me vino a la mente esta idea: ¿Por qué no hago una resolución de Año Nuevo *en la que haría una cosa por cada persona en mi oficina durante los primeros tres meses del año, a fin de hacerle la vida más cómoda?* Era obvio que la única forma en que podría hacer eso sería contándoles sobre mi resolución y preguntar qué podría hacer para facilitarles la vida. Pensé que esta podría ser una forma de descubrir cada uno de sus lenguajes del amor. Y dio resultado», dijo.

Laura les preguntó primero a otras dos compañeras de trabajo, y luego a Becky. Le explicó su resolución de Año Nuevo:

—Quiero hacer una cosa por cada persona en la oficina que le haría la vida más cómoda. Así que te pido que lo pienses y, tal vez mañana, me des una respuesta.

—¿Estás loca? —le dijo Becky—. ¿Quieres hacer que mi vida sea más cómoda?

Becky preguntó con lo que parecía ser un indicador de hostilidad e incredulidad.

—Es posible que esté loca —respondió Laura—, pero eso es lo que quiero hacer.

—Está bien —dijo Becky—. Lo pensaré.

Al día siguiente, cuando Laura regresó por su respuesta, encontró a Becky de un humor diferente. «He estado pensando en esto», dijo Becky, «y la única forma en que voy a hacerlo es si la responsabilidad es mutua. No es justo que hagas algo por mí, a menos que yo haga algo por ti. Entonces, si me dices lo que podría hacer para hacerte la vida más cómoda, responderé a tu pregunta».

Laura no estaba lista para esta respuesta, y le dijo: «¡Vaya, no estaba preparada para eso! Tal vez será mejor que me des un día para pensarlo, y me pondré en contacto contigo mañana».

Esa noche, Laura pensó en lo sucedido. Hasta ahora, solo trataba de expresar amor, y Becky ya correspondía. Laura sabía que su propio lenguaje primario del amor era el de actos de servicio. Por eso es que le irritaba tanto que Becky no «llevara su carga» del trabajo. Aun así, ¿qué podría pedirle a Becky que le hiciera la vida más cómoda? Había muchas cosas que creía que Becky debía estar haciendo, pero tenía que elegir una, y quería ser sincera y convertirla en algo que le ayudara de veras. No fue hasta la mañana siguiente, mientras conducía hacia el trabajo, que Laura decidió su petición.

Durante los últimos tres años, Laura había estado haciendo el café todas las mañanas. No estaba segura de cómo adquirió esa tarea, pero nadie más se ofrecía para ayudar. Sabía que sería demasiado pedirle a Becky que asumiera esa responsabilidad, pero pensó: *Tal vez esté dispuesta a hacerlo una semana y dejar que lo haga yo la próxima semana. Podríamos turnarnos, y no sería una carga para ninguna de las dos.* Parecía factible y algo que sería muy significativo para ella.

Esa mañana, durante una taza de café (era de esperar), Becky dijo:

—Tú primero.

—Espera un momento —dijo Laura—. Yo fui la que inició esto. Creo que tú debes ser la primera.

—Sé que lo iniciaste tú —dijo Becky, riendo—. Por eso es que creo que debes ser la primera. Además, va a ser difícil para mí decirte mi petición, pero si puedo escuchar la tuya primero, prometo que te la diré.

—Está bien —dijo Laura—. Lo que vamos a decir es algo que la otra persona puede hacer y que le haría la vida más cómoda, ¿verdad?

—Así es —dijo Becky.

—Bueno, como sabes, hago el café todas las mañanas. En realidad, no sé cómo recibí esa tarea. En realidad, no me importa, pero pensé que si podías preparar el café una semana y yo lo hago a la semana siguiente, podríamos turnarnos. Sin duda, me haría la vida más cómoda, y tal vez no sería demasiado difícil para ninguna de las dos. Bueno, ¿qué piensas? —preguntó Laura.

—Podría hacer eso —respondió Becky de manera consciente—. Nunca pensé en eso. Supongo que solo di por hecho que era parte de tu trabajo.

—Bueno, todo comenzó hace tres años —dijo Laura—, cuando Juan compró la cafetera. Antes de eso, solo usábamos café instantáneo. Me ofrecí como voluntaria la primera semana, y después de eso, era solo mi trabajo.

—Me encantaría hacerlo —dijo Becky—. ¿Quieres que comience esta semana?

—No, terminaré esta semana —dijo Laura—. Puedes comenzar la próxima semana. Ahora es tu turno.

¡Sorpresa! Personas diferentes responden de manera diferente

—Mi petición es muy diferente —dijo Becky—. Puede parecer una locura... He estado trabajando aquí por cuatro años. Creo que hago un trabajo bastante bueno, aunque sé que a veces soy un poco lenta para aprender cosas nuevas. Sin embargo, nunca siento mucho aprecio. Me parece que mi trabajo solo se da por sentado.

»Entonces, lo que me gustaría pedir es... —hizo una pausa y dijo—: Esto es de veras difícil. Me siento muy tonta al decirlo. Admito que lo que pido es que si de vez en cuando me ves haciendo un buen trabajo, ¿podrías decírmelo? Las palabras positivas siempre han significado mucho para mí. Creo que todo lo que recibo son críticas, no tanto de ti, pero me gustaría sentir que alguien piensa que hago un buen trabajo.

Laura estaba teniendo dificultades para procesar lo que escuchaba, pero sabía que este era el lenguaje primario del amor de Becky.

—Creo que a todo el mundo le gusta escuchar palabras de agradecimiento de vez en cuando —dijo Laura—. Y de seguro que puedo hacer eso.

—¿Ves? —respondió Becky—. Te dije que mi petición era diferente.

Si de vez en cuando me ves haciendo un buen trabajo, ¿podrías decírmelo?

—Me parece bien —dijo Laura—. Una de las cosas que he estado aprendiendo es que lo que hace que una persona se sienta amada y apreciada no necesariamente hace que otra persona se sienta apreciada. En mi caso, es cuando las personas hacen cosas por mí. En el tuyo, es cuando las personas expresan aprecio por lo que haces. Entonces, probemos esto y veamos si resulta.

Laura volvió al trabajo sabiendo que esta fue la conversación más profunda que había tenido con Becky, y sabiendo también que Becky había abierto una ventana a su tanque de amor emocional. Esa noche, Laura oró para que Dios la ayudara a ver las cosas positivas que hacía Becky y para que también la ayudara a expresarle aprecio verbal sincero. (La segunda parte de esta historia se aproxima... en el capítulo 14).

HÁBLALES CON AMOR A LOS AMIGOS CON NECESIDADES ESPECIALES

Débora tiene una amiga que es madre soltera cuyo lenguaje primario del amor es el de palabras de afirmación y cuyo lenguaje secundario es tiempo de calidad. El año pasado, Débora comenzó la celebración una semana antes de su cumpleaños y le envió una tarjeta todos los días de esa semana. Terminó la semana invitándola a cenar. Conocer el lenguaje primario del amor de su amiga le permitió a Débora hablar el amor de manera más profunda y eficiente que si hubiera adivinado a ciegas lo que la haría sentir amada.

Paula es la cuidadora de Shannon, una niña con parálisis cerebral. «Sabía que podía ayudarla físicamente, pero seguía preguntándome: "¿Cómo puedo comunicarle el amor emocional a esta niña?". Sé que los niños necesitan sentirse amados. Más adelante, escuché acerca de los cinco lenguajes del amor, así que comencé a observar el comportamiento de Shannon. Empecé a notar cómo Shannon me respondía cuando le hablaba en cada uno de los cinco lenguajes del amor.

»Respondía de manera más positiva cuando le daba toques tiernos o palabras de afirmación. También noté que los dos lenguajes a los que correspondía eran el toque físico y las palabras de afirmación. Todos los días, cuando llegaba, me daba un fuerte abrazo y esto mismo lo repetía cuando me preparaba para marcharme. Todos los días me decía varias veces: "Te amo".

»Dado que las palabras son mi lenguaje primario del amor, de seguro que me siento amada por Shannon, y creo que ella siente mi amor de manera muy profunda».

Paula descubrió que hasta los niños y adultos con desafíos físicos o mentales responden positivamente a las expresiones de amor emocional, en especial cuando se necesita tiempo para aprender su lenguaje primario del amor.

A casi todos los adultos solteros les gustaría tener relaciones crecientes con compañeros de cuarto, de clase, de trabajo y otras personas significativas en su vida. El amor en cualquier lenguaje mejora las relaciones. Sin embargo, el amor hablado en el lenguaje primario del amor se comunica a un nivel emocional aún más profundo.

ASUNTOS A TENER EN CUENTA

1. *¿Tienes una relación significativa con alguno de tus compañeros del instituto? Si es así, anota sus nombres y responde la siguiente pregunta: ¿Qué podrías hacer para descubrir el lenguaje primario del amor de esta persona? Si crees que ya conoces su lenguaje primario del amor, pregúntate: ¿Cómo podría hablar su lenguaje del amor esta semana?*

2. *Si asistes o asististe a la universidad, ¿cómo describirías las amistades que entablaste con los compañeros de clase? Si terminaste la escuela, ¿has mantenido la amistad con alguno de tus compañeros de clase? ¿Qué pasos podrías dar a fin de profundizar estas relaciones?*

3. *Si estás empleado, anota los nombres de las personas con las que trabajas más a menudo. ¿Conoces el lenguaje primario del amor de estas personas? ¿Qué podrías hacer para descubrirlo?*

4. *¿Con quién te gustaría tener una mejor relación de trabajo? ¿Qué pasos darás?*

5. *Además de padres y hermanos, ¿quiénes son las otras personas importantes en tu vida? ¿Cuál es la expresión de amor más reciente que les has dado a estas personas?*

6. *¿Conoces el lenguaje primario del amor de cada una de estas personas significativas? ¿Qué pasos puedes dar para descubrir o hablar su lenguaje del amor?*

LOS 5 LENGUAJES
DEL
amor
EDICIÓN PARA SOLTEROS

13

Soltero con hijos:

Los lenguajes del amor y los padres solteros

Amanda es madre soltera con dos adolescentes, Marcos, de quince años, y Julia, de trece. Su mundo no es fácil. No ha sido fácil por mucho tiempo. Su esposo la abandonó cuando los niños tenían ocho y diez años de edad. Después de pasar por el trauma de un divorcio difícil y de lidiar con su propio sentimiento de rechazo, Amanda se hizo cargo de su vida[1].

Con la ayuda de sus padres, terminó sus estudios de enfermera y desde entonces ha trabajado en el hospital local. No habría tenido éxito financiero sin trabajar a tiempo completo, pues los pagos para la manutención de los niños que le daba su esposo eran inadecuados y, a menudo, esporádicos.

A pesar de todos sus logros, Amanda vive con un sentimiento subyacente de culpa. No ha podido pasar todo el tiempo que hubiera deseado con sus hijos. Debido a su trabajo, se ha perdido muchas de sus actividades después de la escuela. Ahora son adolescentes y todavía no puede pasar tanto tiempo a su lado como le gustaría.

Están creciendo y cambiando, y se pregunta si están listos para lo que viene. Un día, se dice: *Hice todo lo que estuvo a mi alcance*. Al día siguiente, dice: *No estoy segura de haber hecho lo suficiente*. En los últimos tiempos, Marcos ha estado contestando con insolencia, y muchas veces critica a su madre. Julia quiere empezar a tener citas, y Amanda piensa que es muy joven.

En mi oficina, Amanda me dijo un día: «No estoy segura de estar preparada para esto. Creo que hasta ahora lo he hecho bastante bien, pero no sé si seré capaz de soportar la adolescencia». Amanda decía las mismas cosas que les he escuchado a cientos de padres solteros a través de los años. «Por favor, ¿alguien me puede ayudar? No estoy segura de poder hacer esto sola».

Una realidad casi segura en todo nuestro mundo es sentirse a veces abrumado o solo. Mi esperanza para este libro y su mensaje es alentar y ayudar a los miles de padres solteros como Amanda. Tal vez seas uno de esos padres solteros o conozcas a alguno a quien podrías alentar y ayudar. De cualquier manera, descubrir el lenguaje primario del amor de tu hijo te ayudará a invertir el tiempo que *tienes* de la mejor manera posible, a fin de satisfacer sus necesidades emocionales. Tanto los padres que tienen la custodia, como los que no la tienen, serán más eficientes para amar a sus hijos si con regularidad hablan el lenguaje primario del amor del hijo y lo rocían con los otros cuatro cuando tienen la oportunidad. Los hijos necesitan experimentar los cinco lenguajes del amor, pero sin su lenguaje primario del amor, es probable que su tanque de amor emocional permanezca vacío.

Kevin acababa de pasar el fin de semana con su hijo, Matías. Vieron un partido de fútbol, hicieron mandados juntos y jugaron dos partidos de minigolf. Kevin se sintió bien con el tiempo que pasaron juntos. Se habría sorprendido si hubiera escuchado los comentarios que Matías le hizo a su consejero el martes siguiente por la tarde.

—¿Cómo fue el fin de semana con tu padre? —le preguntó.

—Hicimos juntos muchas cosas. Aun así, no creo que mi padre me ame —respondió Matías.

—¿Por qué dices eso? —le preguntó el consejero.

—Porque nunca habla conmigo sobre lo que pienso y siento.

No es raro que padres e hijos tengan puntos de vista diferentes sobre su relación durante las visitas. Las investigaciones indican que el padre a menudo piensa que ha sido amoroso y atento, pero el hijo se sigue sintiendo rechazado. Un estudio reveló que aunque la mayoría de los padres pensaba que había cumplido con sus obligaciones, tres de cada cuatro adolescentes tenían la impresión de que no significaban mucho para sus padres[2].

Esta misma diferencia de percepción también puede ser cierta entre el hijo y el padre que tiene la custodia. Tomás, de diez años, dijo: «Mi madre trabaja duro. Creo que me ama, pero desearía que no me criticara tanto».

AYUDA A TU HIJO A SENTIRSE AMADO...

La pregunta no es «¿Eres un padre soltero que amas a tus hijos?», sino «¿Se sienten amados tus hijos?». La sinceridad de los padres no es suficiente. Debemos aprender a hablar el lenguaje primario del amor de los hijos. Estoy convencido de que gran parte de la mala conducta de los hijos tiene sus raíces en un tanque de amor vacío. Cada hijo tiene un lenguaje primario del amor: el lenguaje que le habla de manera más profunda a su alma y satisface su necesidad emocional de sentirse amado. Si los padres no descubren y hablan el lenguaje primario del amor del hijo, es posible que este no se sienta amado aunque los padres se lo expresen con otros lenguajes.

La pregunta no es «¿Eres un padre soltero que amas a tus hijos?», sino «¿Se sienten amados tus hijos?».

Permíteme realizar un breve repaso de los cinco lenguajes del amor y centrarnos en tratar de aplicarlos a tu hijo.

A través de palabras de afirmación

Este lenguaje te permite afirmar el valor de tu hijo a través de la expresión verbal. «Te amo. Te ves bien con esa ropa. Hiciste un buen trabajo al hacer tu cama. ¡Gran pesca! Gracias por ayudarme a lavar el auto. Estoy orgulloso de ti». Estas son palabras de afirmación.

Las simples palabras «Te amo» pueden ser como una lluvia suave que cae sobre el alma del niño. En cambio, las palabras rudas o cortantes, dichas con enojo, pueden dañar la autoestima de un niño y recordarse de por vida.

Tomás, de diez años, demostró que las palabras de afirmación eran su lenguaje primario del amor cuando dijo: «Creo que me ama, pero desearía que no me criticara tanto». Tomás también demostraba otra realidad: que cuando utilizas el lenguaje primario del amor de un niño de una manera negativa, a ese niño le dolería de manera más profunda de lo que lo haría en otro niño. Como el lenguaje primario del amor de Tomás era el de palabras de afirmación, las palabras negativas de su madre penetraban hasta lo más hondo de su corazón.

A través de regalos

Un regalo dice: «Alguien pensaba en mí. Miren lo que me compró». Los regalos no tienen que ser caros. Pueden ser tan simples como una piedra que recoges caminando por la calle o una flor que cortas del patio. A fin de aprovechar al máximo los regalos como una expresión de amor, envuélvelos y entrégalos. Incluso la ropa escolar ofrecida de esta manera puede convertirse en regalos de un padre soltero.

Nunca se da un regalo porque un niño hizo su cama ni porque limpió su cuarto. Tal regalo es el pago por los servicios prestados, de ninguna manera es un verdadero regalo. Los regalos se dan porque el padre soltero ama, no porque un niño se lo merezca.

Si regresas de un viaje y les traes a tus dos hijas unos osos de peluche, no te sorprendas si una da saltos de alegría y dice: «Gracias, gracias», le pone un nombre al oso de peluche y lo coloca en un lugar especial en su cuarto, mientras que la otra dice: «Gracias», arroja su oso en el sofá y comienza a preguntarte sobre tu viaje. La segunda niña da muestras de su lenguaje primario del amor: tiempo de calidad. Está más interesada en tu atención que en tu regalo, mientras que el lenguaje primario del amor de la otra niña de seguro que es el de los regalos.

A través de actos de servicio

Hacer cosas para un niño que no puede hacerlas por sí mismo es una expresión de amor. Hablamos este lenguaje muy pronto al cambiar pañales, alimentar y responder a las necesidades físicas del bebé. Durante los siguientes dieciocho años, la vida se completa con preparar comidas, lavar la ropa, curar heridas, reparar bicicletas y mil actos de servicio. Si se hace en un espíritu de bondad, estas son expresiones emocionales de amor.

A medida que los niños crecen, los servimos enseñándoles las habilidades necesarias para que se ocupen de sí mismos: hacer la comida da paso a enseñarles a que la preparen.

Los actos de servicio son una forma poderosa de comunicarles amor emocional a los niños. Mandy, de diez años, dijo: «Sé que mi mamá me quiere porque me ayuda con mis tareas de la escuela, en especial la de matemática».

A través del tiempo de calidad

El tiempo de calidad le brinda a tu hijo toda tu atención. Con un niño pequeño, es sentarse en el suelo, haciendo rodar una pelota de un lado a otro, o sentarse en el sofá mientras se lee una historia. Con un niño mayor, quizá sea dar un paseo por el bosque, donde los dos miran, escuchan y hablan. Debido a que los niños se encuentran en diferentes niveles de maduración, si vamos a pasar tiempo de calidad a su lado, debemos ir donde se encuentran. Debemos descubrir sus intereses y entrar en su mundo.

Como ya vimos, la proximidad física no es igual al tiempo de calidad. Un padre y un hijo viendo un partido de fútbol es un tiempo de calidad solo si el niño siente que él es el centro de atención de su padre. Si la atención del padre está en el juego, el hijo puede sentirse rechazado, como Matías lo demostró antes. Él y su padre hicieron actividades juntos, pero Matías salió vacío en lo emocional, «porque nunca habla conmigo sobre lo que pienso y siento».

A través del toque físico

El toque físico incluye abrazos y besos, pero también implica una palmada en la espalda, una mano en el hombro, tomarse de la mano al cruzar la calle o incluso luchar en el piso.

—En una escala de cero a diez, ¿cuánto te quiere tu padre? —le pregunté a Jasón, de once años de edad.

—¡Diez! —respondió sin parpadear.

Cuando le pregunté por qué estaba tan seguro de eso, dijo:

—Mi papá siempre choca conmigo cuando pasa por mi lado, y luchamos en el suelo.

Recuerda, el toque físico es un poderoso comunicador de amor emocional.

RESPETA EL LENGUAJE ÚNICO DEL AMOR DE CADA NIÑO

Tal vez estés pensando: *De acuerdo, hago algunas de esas cosas. Entonces, mi hijo se siente amado, ¿verdad?* No necesariamente. Así como una forma de disciplina no da resultado con todos los niños, tampoco un lenguaje del amor lo da con todos los niños. Cada niño tiene un lenguaje primario del amor que le habla de manera más profunda que los otros cuatro. El lenguaje del amor de ese niño quizá sea diferente al lenguaje en el que su hermano escucha el amor. Si queremos tener éxito a la hora de satisfacer la necesidad de amor de nuestro hijo, debemos descubrir el lenguaje primario del amor de cada niño y hablarlo con regularidad. Esta es la forma más eficaz de mantenerle lleno el tanque de amor a tu hijo.

Con esto no sugiero que solo hables el lenguaje primario del amor de tus hijos. Aunque necesitan los cinco, les hacen falta unas grandes dosis de su lenguaje primario del amor.

Un padre soltero dijo: «Tengo hijas gemelas que ahora tienen cuatro años. Mi esposa y yo nos divorciamos hace un año. Debo confesar que no sabía mucho sobre cómo relacionarme con mis hijas. Ahora que se están haciendo un poco mayores, sabía que tenía que mejorar mis habilidades paternas. Alguien me regaló el libro *Los 5 lenguajes del amor de los niños* y lo leí. Me sorprendió saber que mis hijas gemelas tenían lenguajes del amor muy diferentes. El de una es el toque físico y el de la otra es el tiempo de calidad. Ahora que estoy aprendiendo a hablar su lenguaje primario del amor, estoy sintiendo un vínculo mucho más cercano entre nosotros».

CÓMO DESCUBRIR EL LENGUAJE DEL AMOR DE TU HIJO

Entonces, ¿cómo descubres el lenguaje primario del amor de tu hijo? Repasemos los principios de los que hablamos antes:

1. *Observa cómo tu hijo te expresa amor.* Si tu hija siempre está buscando un abrazo, esto puede ser una indicación de que su lenguaje primario del amor es el toque físico. Si tu hijo siempre te elogia o te da las gracias: «Mami, esta comida está muy buena», su lenguaje del amor quizá sea el de palabras de afirmación.

2. *Escucha las peticiones de tu hijo.* Lo que el niño pide con más frecuencia es una pista de su lenguaje primario del amor. «Papá, ¿podemos ir al parque?». «Mamá, ¿puedes leerme una historia?». Estos niños están pidiendo tiempo de calidad, y es probable que ese sea su lenguaje primario del amor.

3. *Escucha las quejas.* «¿Por qué no me trajiste un regalo?», tal vez sea la manera en la que tu hijo te diga que su lenguaje del amor es el de los regalos. «Desde que papá se fue, ya nunca vamos a

la playa», quizá sea una indicación de que el lenguaje primario del amor del niño sea el de tiempo de calidad.

Si estos tres enfoques no revelan el lenguaje primario del amor de tu hijo, puedes experimentar centrándote en hablar uno de los cinco lenguajes del amor cada semana y observar la respuesta de tu hijo. Cuando hables su lenguaje primario del amor, verás una notable diferencia en su actitud hacia ti.

Katy se describió a sí misma como «una luchadora madre soltera que se esfuerza por criar a mis hijos en el contexto de una relación amorosa». Después de su divorcio, tuvo varios problemas con sus hijos. En una búsqueda para entender cómo responder, leyó *Los 5 lenguajes del amor de los niños*. Allí reconoció los diferentes lenguajes del amor de sus hijos.

«Descubrí que recibir regalos era el lenguaje primario del amor de mi hija mayor. A Miranda se le iluminan lo ojos cuando le doy pequeños regalos. Cosas que no son caras, sino solo pequeñas muestras de amor. Alardea con las personas y les dice lo que le regalé. Ha cambiado su actitud hacia mí.

»El lenguaje del amor de mi hijo, Jorge, que ahora tiene diez años, es tiempo de calidad. Le encanta que pase tiempo a su lado. Leemos libros juntos por la noche y he aprendido a disfrutar viéndolo jugar con sus videojuegos. Solo me quiere allí mirándolo jugar. A veces es difícil tener toda mi atención, pero cuando reservo tiempo solo para Jorge, progresa con eso».

Permíteme alentarte a que no solo hables el lenguaje primario del amor de tu hijo, sino también a que pongas al tanto a los abuelos, tías, tíos y otros adultos importantes acerca del lenguaje primario del amor de tu hijo. Los niños necesitan recibir el amor de familiares y amigos, así como de sus cuidadores principales.

LA DISCIPLINA Y LOS LENGUAJES DEL AMOR

Patricia asistió a uno de mis talleres para padres solteros y en seguida se dio cuenta de que el lenguaje primario del amor de

Felipe, de once años de edad, era el de palabras de afirmación. También sabía que en las últimas seis semanas le dijo a Felipe muchas palabras negativas sobre su trabajo escolar y la forma en que trataba a su hermana. Decidió que, durante las próximas semanas, le haría una declaración positiva de afirmación todos los días.

«No podía creer lo que sucedió», dijo Patricia. «En menos de una semana, Felipe tenía un rostro diferente por completo. Empezó a hacer los deberes a primera hora de la tarde, incluso sin que lo presionara. Y vi un cambio notable en su actitud y el trato hacia su hermana. Es difícil creer que el simple hecho de hablar su lenguaje primario del amor marcara una diferencia tan grande».

Mantén lleno el tanque de amor

Mantener lleno el tanque de amor de un niño no eliminará todo mal comportamiento. En cambio, sí quiere decir que es menos probable que un niño se porte mal si su tanque de amor está lleno.

Cuando tu hijo se comporte mal y necesite disciplina, los padres se beneficiarán asegurándose de que el tanque de amor esté lleno antes de aplicar la disciplina. El niño que recibe disciplina mientras su tanque de amor está vacío, es casi seguro que se rebele en contra de la disciplina.

Expresa amor antes y después de la disciplina

Por lo tanto, animo a los padres solteros a que antes de aplicar la disciplina hablen de manera consciente el lenguaje del amor de su hijo. Luego, después de la disciplina, a que les den a su hijo o hija una expresión adicional de amor.

Por ejemplo, supongamos que tienes una regla según la cual no se puede jugar al fútbol dentro de la casa, y la consecuencia de incumplir dicha regla es que el balón irá en el maletero del auto durante dos días. Además, si algo se rompe, el niño pagará el objeto roto del dinero que recibe como mesada. Entonces, ¿qué sucede cuando tu hijo quebranta la regla? Ambos ya conocen la disciplina, pero la forma de aplicarla es de suma importancia. Supongamos que el lenguaje del amor del niño es el de palabras de afirmación. Podrías aplicar la disciplina de la siguiente manera.

Entras al cuarto y le dices: «Una de las cosas que de veras aprecio de ti es que casi siempre cumples las reglas. Para mí, ese es un rasgo muy positivo y una señal de verdadera madurez. En realidad, aprecio eso sobre ti. Sin embargo, como sabes, lanzaste el balón dentro de la casa y se rompió un vaso. Por lo tanto, ambos sabemos que el balón tiene que ir al maletero del automóvil, y con tu mesada tendrás que pagar por el vaso. Aun así, lo que me hace sentir tan orgulloso de ti es que esto sucede muy pocas veces, y eso me alegra mucho».

Cubriste la disciplina con amor, y es probable que tu hijo la reciba de manera positiva.

No obstante, ¿qué sucede si entras en el cuarto y solo dices: «Sabes que no debes lanzar el balón dentro de la casa. Ahora, mira lo que hiciste. Rompiste un vaso. Ya sabes los resultados de esto. Ve a poner el balón en el maletero del auto, y con tu mesada de esta semana tendrás que ir a comprar un vaso», y luego sales de la habitación?

Lo más probable es que tu hijo ponga la pelota en el maletero del auto mientras se dice: *Trato de obedecer las reglas. Me equivoco una vez y viene a gritarme.*

Un niño no se rebela contra la disciplina, sino contra la manera en que se imparte la disciplina. El niño se sentirá rechazado en vez de amado.

SATISFACE TU PROPIA NECESIDAD DE AMOR

Si bien he hablado sobre todo acerca de satisfacer la necesidad de amor del niño, soy muy consciente de que el padre soltero también es una criatura con carencias. En *Los 5 lenguajes del amor de los niños* menciono que a los padres solteros les hace falta abordar sus propias necesidades de amor:

> Mientras el niño se esfuerza a través de las emociones de culpa, miedo, enojo e inseguridad, uno o ambos padres también hacen lo mismo con emociones similares. La madre abandonada por un esposo tal vez [tenga sentimientos de rechazo y enojo]; la madre que obligó a un cónyuge físicamente abusivo a marcharse, ahora lucha contra sus propios sentimientos de rechazo y soledad. La necesidad emocional de amor de un padre soltero es tan real como la necesidad de cualquier otra persona. Debido a que esa necesidad no la puede satisfacer el excónyuge ni el niño, el padre soltero a menudo se acerca a sus amigos. Esta es una forma eficaz de comenzar a llenar tu tanque de amor [...]
>
> [Sin embargo,] el padre soltero en este punto es muy vulnerable a los miembros del sexo opuesto que pueden aprovecharse de un momento de debilidad. Debido a que el padre soltero necesita con tanta urgencia el amor, existe un grave peligro de que lo acepte de alguien que se aprovechará de manera sexual, económica o emocional. Es de suma importancia que los nuevos padres solteros sean muy selectivos para entablar nuevas amistades. La fuente más segura para el amor proviene de amigos de siempre que conocen a miembros de la familia extendida. Un padre soltero que trata de satisfacer la necesidad de amor de manera irresponsable puede terminar con una tragedia tras otra[3].

Si has experimentado el divorcio o la muerte de un cónyuge, concédete el tiempo para afligirte y sanar. Con la mayor frecuencia posible, habla con familiares y amigos. Hablar sobre tu dolor, enojo, frustración y lucha es la forma más rápida de procesar el duelo. Aprovecha las clases ofrecidas por iglesias locales o agencias comunitarias que se enfocan en padres solteros.

Afrontar tus propias luchas de una manera positiva es un poderoso ejemplo para tus hijos. Los psicólogos Sherill y Prudence Tippins dicen: «El mejor regalo que puedes hacerle a tu hijo es tu propia salud emocional, física, espiritual e intelectual»[4]. Por doloroso que parezca admitirlo, lo cierto es que puedes ser padre soltero por muchos años. Durante este tiempo, largo o corto, querrás darles a tus hijos un ejemplo de integridad y responsabilidad que pueda ser un modelo en su camino hacia la adultez responsable. Esperemos que la comprensión de los cinco lenguajes del amor te ayude a alcanzar ese objetivo.

ASUNTOS A TENER EN CUENTA

1. *Si no conoces el lenguaje primario del amor de tu hijo, trata de responder las siguientes preguntas para ayudarte a resolverlo:*
   - *¿Cómo mi hijo expresa más a menudo amor hacia los demás?*
   - *¿De qué se queja casi siempre?*
   - *¿Qué pide mi hijo con más frecuencia?*
2. *¿Cómo podrías mejorar tu método de disciplina utilizando el lenguaje primario del amor de tu hijo?*
3. *Haz una lista de los sentimientos que tu hijo ha experimentado por un padre ausente o distante: miedo, ira, ansiedad, negación, culpa, etc. ¿Cómo puedes usar el lenguaje primario del amor de tu hijo para ayudarlo a aliviar el dolor en cada caso?*
4. *Como padre soltero, ¿de qué manera puedes satisfacer tu propia necesidad emocional de amor? ¿Quiénes son las personas importantes en tu vida (familiares o amigos) a quienes recurrirías para obtener apoyo emocional? Tal vez podrías comenzar expresándoles aprecio por el papel que han desempeñado en tu vida. Después, hazles una petición específica a fin de recibir su ayuda.*

5. *¿Eres parte de una clase para padres solteros en tu iglesia o comunidad? De no ser así, ¿a quién podrías contactar para averiguar sobre la misma? Si no puedes encontrar dicha clase, quizá podrías comenzar una para padres solteros[5].*

LOS 5 LENGUAJES
DEL
amor
EDICIÓN PARA SOLTEROS

14

ÉXITO:

El amor es la clave

Nunca he conocido a un solo adulto que aspirara a convertirse en un fracaso. Todos quieren tener éxito. Sin embargo, ¿qué es el éxito? Pregúntale a una docena de personas y puedes obtener una docena de respuestas.

Me gusta la definición que dio un amigo mío: «El éxito es aprovechar al máximo lo que eres con lo que tienes».

Cada persona tiene el potencial de tener un impacto positivo en el mundo. El éxito no se mide por la cantidad de dinero que posees ni por el puesto que obtienes, sino más bien por lo que haces con lo que tienes. La posición y el dinero pueden desperdiciarse o usar mal, pero también pueden emplearse para ayudar a otros.

Por lo general, hablamos de éxito respecto a campos específicos de la vida, tales como el éxito financiero, educativo o vocacional. También conectamos la palabra con los deportes, la familia, la religión y las relaciones. Lo que queremos decir cuando señalamos que las personas tienen éxito en una de estas esferas es que lograron los objetivos que se propusieron.

Cualquiera que sea la categoría, y cualquiera que sea nuestra visión del éxito, es más probable que tengamos éxito si amamos con eficiencia a las personas.

ÉXITO EN LOS NEGOCIOS, ÉXITO EN LAS RELACIONES

Pensemos por un momento en el éxito en los negocios. Tom Peters, autor de *Thriving on Chaos*, dijo: «Solo las empresas que permanecen unidas a sus clientes sobrevivirán y prosperarán»[1]. Peters se refiere a las relaciones. El verdadero éxito empresarial siempre se basa en las relaciones.

El psicólogo Kevin Leman, autor de *Winning the Rat Race Without Becoming a Rat*, ofrece tres leyes para el éxito en los negocios:

Número uno: A las personas les encanta comprar cualquier cosa, en especial si les gusta la persona que se las vende.
Número dos: Forjas tus relaciones con una conversación tras otra.
Número tres: Conoce a tus clientes y la venta de tu producto se realizará sola[2].

Leman concluye que la Regla de Oro: «Trata a los demás tal y como quieres que te traten a ti», es la clave para todas las empresas exitosas[3]. Todos estos principios comerciales requieren una actitud de amor y se fortalecerán en gran medida al conocer y hablar el lenguaje primario del amor de tus socios en el negocio.

Lo que es cierto como principio rector del éxito empresarial, también es cierto en el campo de los recursos humanos. Muchas empresas exitosas se han dado cuenta de que su mayor activo son las personas que trabajan para ellas. También reconocen que los entornos de trabajo negativos pueden crear una tensión que domine la oficina, y que disminuye la productividad. No conozco nada más eficaz para cambiar el ambiente de trabajo que comprender y practicar los conceptos de los cinco lenguajes del amor[4].

DE VUELTA A BECKY Y LAURA

¿Recuerdas a Laura, a quien conocimos en el capítulo 12? Le molestaba su compañera de trabajo Becky porque sentía que esta no realizaba su parte en la carga de trabajo. Laura decidió tratar de descubrir el lenguaje primario del amor de Becky, y ver qué pasaría si le expresaba amor y agradecimiento significativos. Lo hizo mediante una resolución de Año Nuevo, proponiéndose hacer una cosa por cada uno de sus compañeros de trabajo que les hiciera la vida más cómoda. Entonces, le pidió a Becky y a los demás que le dieran una sugerencia.

Becky le devolvió la jugada a Laura y le dijo: «Lo haré si tú lo haces». Después de la reflexión, Laura estuvo de acuerdo. Le pidió a Becky que la ayudara al compartir la responsabilidad de hacer el café todas las mañanas para el personal de la oficina. Después que Becky dijera que sí, esta le pidió a Laura que reconociera cuando hiciera algo bien: «Las palabras positivas siempre han significado mucho para mí. Creo que todo lo que recibo son críticas, no tanto de ti, pero me gustaría sentir que alguien piensa que hago un buen trabajo». Para Laura era obvio que el lenguaje primario del amor de Becky era el de palabras de afirmación. Aquí tienes el resto de la historia:

Laura batalló mucho con la petición de Becky. Recuerda que estaba resentida con Becky por no realizar su parte en la carga de trabajo. ¿Cómo podía expresarle palabras de afirmación cuando se sentía tan resentida? Debido a que Becky aceptó ayudar a Laura haciendo el café cada dos semanas, Laura decidió comenzar con eso. El miércoles de la primera semana, Laura le dijo a Becky: «No puedo decirte lo mucho que te agradezco que hagas el café esta semana. Es genial tener un descanso de esa responsabilidad. De verdad te agradezco que me ayudes con esto».

«Si hay algo más que pueda hacer...»

«Me alegra ayudar», dijo Becky. «Agradezco que me dieras la oportunidad de ayudarte. Si hay algo más que pueda hacer por ti, no dudes en decírmelo».

Laura regresó a su escritorio aturdida. No podía creer lo que Becky acababa de decirle. Durante dos años, le había molestado que Becky no realizara su parte en la carga de trabajo. En cambio ahora, Becky se ofrecía como voluntaria para ayudar. ¿Por qué no descubrí antes este concepto del lenguaje del amor?, se dijo. *Aun así, ¿me atrevería a pedirle que haga otra cosa por mí?*, reflexionó. *Sin duda, no puedo hacer eso sin darle otro cumplido en otro aspecto, ¿pero qué podría ser?*

Laura hizo a un lado sus pensamientos y volvió a su trabajo. Al día siguiente, notó que Becky traía el cabello un poco diferente. En el pasado, no lo habría mencionado debido a su resentimiento hacia Becky, pero hoy dijo con entera libertad:

—Me gusta cómo te peinaste hoy. Es genial.

—Gracias —dijo Becky—. He estado queriendo hacer algo distinto durante mucho tiempo. Al final, me armé de valor.

—Bueno, se ve bien en realidad —le dijo Laura.

Dos días después, Laura se encontró diciéndole a Becky:

—Noté que todavía estabas trabajando cuando salí de la oficina anoche. ¿Trabajaste mucho tiempo?

—Alrededor de veinte minutos —le dijo Becky—. Solo quería terminar el proyecto en el que estaba.

—De veras lo agradezco —le dijo Laura—. Eso va más allá del deber. Se lo voy a mencionar a Rey para que sepa cuánto has estado trabajando.

—Ah, muchas gracias —respondió Becky—. Eso sería estupendo.

Laura se sentó en su escritorio y pensó: *En realidad, me está comenzando a gustar esto.*

«Me encantaría...»

A la semana siguiente, Laura se acercó a Becky y le dijo:

—¿Recuerdas que el otro día cuando mencionaste que si había algo más con lo que podrías ayudarme, estarías dispuesta a hacerlo?

—Sí —dijo Becky.

—Hay una cosa. Sé que dijiste que ibas a ir a la imprenta más tarde hoy. ¿Podrías conseguirme papel blanco normal cuando estés allí?

—Me encantaría hacerlo —dijo Becky.

—Es más —dijo Laura—, si lo deseas, hasta podríamos turnarnos con eso como lo hacemos con la cafetera. Al menos, ambas no haremos el mismo recorrido todas las semanas.

—Ah, me encantaría hacerlo —dijo Becky—. Me gusta ir a la imprenta. Hay un nuevo chico allí a quien le he echado el ojo. Hasta el momento, no ha estado muy interesado, pero tengo esperanza.

Ambas se rieron y Laura se fue.

En los siguientes meses, Laura continuó expresándole palabras de afirmación a Becky, y Becky siguió respondiendo a las ocasionales peticiones de ayuda de Laura. Antes de que terminara el año, ambas salían juntas a almorzar, algo que nunca antes lo habían hecho.

«Lo cierto es que nos hicimos amigas. Era difícil de creer», dijo Laura. «Me demostró el poder del amor, en especial cuando hablas el lenguaje primario del amor de alguien. Debo admitir que ha cambiado toda la atmósfera, no solo en mi relación con Becky, sino también con el resto del personal de nuestra oficina».

A Laura le encantaba su camino hacia una relación exitosa con Becky.

¿ES DE HIPÓCRITAS AMAR?

Actúa como si amaras a la persona

Algunos pueden cuestionar el concepto de amar a alguien con quien estás resentido. ¿No es eso ser hipócrita? Tienes sentimientos negativos, pero haces o dice algo positivo. Cuando escucho esa pregunta, me acuerdo de lo que el erudito y amado autor británico C.S. Lewis dijo:

> La regla para todos nosotros es perfectamente sencilla. No desperdiciemos el tiempo con la preocupación de si «amamos» al prójimo o no; procedamos con él como si lo amáramos. Tan pronto como hagamos esto encontraremos uno de los grandes secretos. Cuando procedemos como si en verdad amáramos a alguien, al fin llegamos a amarlo. Si le producimos algún perjuicio a alguien que no nos agrada, veremos que llega a desagradarnos aún más. Si le hacemos algo que le sirva de beneficio, veremos que nos desagrada menos[5].

Tus sentimientos no siempre son buenos

A veces, el amor es la decisión de ir en contra de los sentimientos de uno. Es similar a lo que hago todas las mañanas cuando me levanto. No sé tú, pero si solo salgo de la cama en las mañanas que me dan deseos de levantarme, pocas veces me levantaría. Casi todas las mañanas, incluyendo la de hoy, voy en contra de mis sentimientos, me levanto, hago algo que creo que es bueno, y antes de que termine el día, me siento bien por haberlo hecho. *El amor no es un sentimiento; es una manera de comportarse.* Los sentimientos siguen el comportamiento; por lo tanto, los sentimientos amorosos le siguen al comportamiento amoroso. Las acciones amorosas de mi parte no solo me traen sentimientos positivos sobre mí, sino que, si se expresan en el lenguaje del amor de la otra persona, estimularán sentimientos positivos en su interior.

Alguien dijo una vez: «Seguir el camino de la menor resistencia es lo que hace que se tuerzan las personas y los ríos. Raras veces la gente logra el éxito si va a la deriva». El amor requiere esfuerzo, pero los dividendos son enormes.

EN EL CAMINO HACIA LAS RELACIONES EXITOSAS

Aprender a descubrir y hablar el lenguaje del amor de los demás es un paso gigante en el camino hacia el éxito.

Tomás, un ávido amante de la naturaleza, tomó la decisión de dedicar más tiempo a quedarse en casa con su anciana madre una vez que conoció su lenguaje del amor. Le pidió que compartiera su casa cuando supo que ella pensaba mudarse y que tal vez alquilara un apartamento.

«Mamá tiene ahora setenta y tres años y padece de muchos problemas de salud. Cuando me enteré de los cinco lenguajes del amor, me di cuenta de que el lenguaje del amor de mi madre es tiempo de calidad. Por lo tanto, comencé a apartar tiempo cada día para sentarme y hablar con ella. Antes de eso, solo daba por sentado que se sentiría amada porque la atendía. Sin embargo, he visto una diferencia en su rostro desde que comencé a darle tiempo de calidad.

»Quiero seguir comprendiendo y aplicando el concepto de los cinco lenguajes del amor a mis relaciones con mamá, otros familiares, amigos y, tal vez algún día, una relación especial con una mujer cristiana». Tomás ha aprendido que el amor conduce al éxito.

Evaluemos nuestro progreso

La evaluación se ha convertido en una palabra clave en muchas compañías. Es más, quizá te identifiques con Doris, quien dijo: «Hoy me siento un poco nerviosa, porque esta tarde tengo mi evaluación anual con mi jefe. Creo que las cosas están bien, pero nunca se sabe».

Por lo general, el objetivo de una evaluación no es asustar al empleado; el objetivo es enfocarse en el propósito del trabajo y cuán bien se cumple el mismo. En resumen, una evaluación es averiguar si estás teniendo éxito. Es una práctica que podría dar frutos positivos si se aplica a nuestras relaciones.

Tenemos chequeos con nuestro supervisor de trabajo y chequeos con nuestro médico. Todos podríamos beneficiarnos del «chequeo» de nosotros mismos. Considera decirle a un amigo, compañero de trabajo o familiar: «Si pudiera hacer un cambio que te hiciera la vida mejor, ¿cuál sería?». Si eres lo bastante valiente como para preguntar, sé lo bastante fuerte como para escuchar. Lo que escuches te dará la información que necesitas para mejorar tu relación con esa persona.

Quizá estés diciendo: «¿Pero qué pasa si me piden algo que me resulte demasiado difícil hacer?». Mi respuesta es: «De eso se trata el amor: ¡hacer algo para el beneficio de otro!». Si hacemos solo lo que es fácil, nunca lo lograremos. Hay una forma segura de saber que vas por buen camino hacia el éxito: el camino suele ser cuesta arriba.

Amemos a quienes no nos aman

La mayoría de nosotros no tiene ningún problema en amar a las personas que nos aman. Por eso es que el desafío que Jesús les dio a sus discípulos parece tan inalcanzable: «Ustedes han oído que se dijo: "Ama a tu prójimo y odia a tu enemigo". Pero yo les digo: Amen a sus enemigos y oren por quienes los persiguen»[6].

Es interesante que Jesús pusiera a Dios como nuestro modelo cuando dijo: «Su Padre que está en el cielo [...] hace que salga el sol sobre malos y buenos, y que llueva sobre justos e injustos»[7].

Tal vez estés pensando: *Eso está bien para Dios, pero yo no soy Dios. No puedo amar a las personas que me han tratado mal en la vida*. Aparte de la ayuda de Dios, eso es verdad. Sin embargo, las Escrituras dicen: «Dios ha derramado su amor en nuestro corazón por el Espíritu Santo que nos ha dado»[8]. El amor es el mensaje central de la iglesia cristiana. «Dios demuestra su amor por nosotros en esto: en que cuando todavía éramos pecadores, Cristo murió por nosotros»[9]. Imagina lo que sucedería si los adultos solteros que dicen ser cristianos actuaran en verdad de esta manera. Todo el mundo necesita con urgencia el amor. Y los que dan amor son los que de veras tienen éxito.

La madre Teresa de Calcuta captó bien la verdad. Cuando se le preguntó: «¿Cómo se mide el éxito de su trabajo?», pareció desconcertada por un momento y luego respondió: «No recuerdo que el Señor haya hablado del éxito. Solo habló de la fidelidad en el amor. Este es el único éxito que cuenta en realidad»[10]. La madre Teresa dejó una marca indeleble en el mundo por una razón. Abrió su corazón para ser un canal del amor de Dios para otros.

La mayor contribución que cualquier adulto soltero puede hacer es convertirse en un canal eficaz del amor de Dios. Es mi oración que este libro te permita hacer eso de manera más eficiente.

ASUNTOS A TENER EN CUENTA

1. *¿Qué grado de éxito sientes en tus relaciones vocacionales? Si deseas mejorar las relaciones con tus compañeros de trabajo, ¿con quién comenzarías?*

2. *¿Qué pregunta podrías hacer para ayudarte a descubrir su lenguaje primario del amor? (Tal vez quieras referirte a la segunda mitad del capítulo 8 al formular tal pregunta). Si ya conoces el lenguaje primario del amor de tu compañero de trabajo, ¿qué dirías o harías esta semana que pudiera comunicarle el amor de manera más eficiente?*

3. *¿Hay alguna persona en tu vida por la que sientes resentimiento? ¿Qué sucedió para que se estimulara esta emoción? ¿Qué pasos podrías dar en tu camino hacia el éxito en esta relación mediante el amor?*

4. *¿Cuál es tu relación más estresante en este momento? ¿Estarías dispuesto a trazar una estrategia para mejorar esta relación aprendiendo a hablar el lenguaje primario del amor de esa persona?*

5. *¿Hasta qué punto te basas en el amor de Dios en tus esfuerzos por amar a otros? ¿Cómo puedes fortalecer tu relación de amor con Dios?*[11]

LOS 5 LENGUAJES DEL amor
EDICIÓN PARA SOLTEROS

APÉNDICE:

Perfil de los cinco lenguajes del amor

Palabras de afirmación, tiempo de calidad, actos de servicio, toque físico... ¿cuál de estos es tu lenguaje primario del amor? Es posible que ya tengas una idea o que estés perdido por completo. El «Perfil de los cinco lenguajes del amor» te ayudará a saberlo con seguridad.

El perfil incluye treinta pares de declaraciones. Lee cada uno de los pares y escoge el que mejor refleje tus preferencias. Luego, en la columna de la derecha, encierra en un círculo la letra que corresponda a la declaración que escogiste. En algunos casos, quizá desees marcar ambas, pero debes escoger solo una para tener la seguridad de obtener los resultados más exactos del perfil.

Al leer las declaraciones del perfil, verás palabras como «persona especial» y «seres queridos». Cuando pensamos en el amor y en los lenguajes del amor, nuestra idea inmediata tal vez sea la de una relación romántica. Sin embargo, expresamos amor y afecto en diversos contextos y relaciones. Al realizar el perfil, piensa en una persona importante con la que tengas una relación cercana: un novio o novia, un buen amigo, un padre, un colega, etc.

Realiza el perfil cuando estés relajado y no te presione el tiempo. Después de hacer tus elecciones, vuelve atrás y cuenta el número de veces que elegiste cada letra. Anota los resultados en los espacios apropiados al final del perfil. Luego, lee la sección «Interpreta y usa tu puntuación del perfil», la cual está a continuación de dicho perfil.

1	Me gusta recibir notas de afirmación.	**A**
	Me gusta que me abracen.	**E**
2	Me gusta pasar tiempo a solas con una persona especial para mí.	**B**
	Me siento amado cuando alguien me da ayuda práctica.	**D**
3	Me gusta cuando la gente me hace regalos.	**C**
	Me gustan las visitas sin prisas de amigos y seres queridos.	**B**
4	Me siento amado cuando las personas hacen cosas para ayudarme.	**D**
	Me siento amado cuando las personas me tocan.	**E**
5	Me siento amado cuando alguien que quiero o admiro me rodea con su brazo.	**E**
	Me siento amado cuando recibo un regalo de alguien que quiero o admiro.	**C**
6	Me gusta ir a lugares con amigos y seres queridos.	**B**
	Me gusta chocar los cinco o tomarme de la mano con personas que son especiales para mí.	**E**
7	Los símbolos visibles del amor (regalos) son muy importantes para mí.	**C**
	Me siento amado cuando la gente me da palabras de afirmación.	**A**
8	Me gusta sentarme cerca de personas cuya compañía disfruto.	**E**
	Me gusta que la gente me diga que soy atractivo o guapo.	**A**
9	Me gusta pasar tiempo con amigos y seres queridos.	**B**
	Me gusta recibir pequeños regalos de amigos y seres queridos.	**C**

10
Las palabras de aceptación son importantes para mí. **A**
Sé que alguien me ama cuando me ayuda. **D**

11
Me gusta estar con amigos y seres queridos, y hacer cosas a su lado. **B**
Me gusta cuando me dicen palabras amables. **A**

12
Lo que alguien hace me afecta más que lo que dice. **D**
Los abrazos me hacen sentir conectado y valorado. **E**

13
Valoro los elogios y trato de evitar las críticas. **A**
Para mí significan más varios regalos pequeños que un regalo grande. **C**

14
Me siento cercano a alguien cuando conversamos o hacemos algo juntos. **B**
Me siento más cercano a los amigos y seres queridos cuando me tocan a menudo. **E**

15
Me gusta que la gente elogie mis logros. **A**
Sé que la gente me ama cuando hace cosas para mí que no disfrutan. **D**

16
Me gusta que, cuando los amigos y seres queridos pasen a mi lado, me toquen. **E**
Me gusta cuando la gente me escucha y muestra un interés genuino por lo que digo. **B**

17
Me siento amado cuando los amigos y seres queridos me ayudan con trabajos o proyectos. **D**
Disfruto mucho los regalos que recibo de amigos y seres queridos. **C**

18
Me gusta que la gente elogie mi apariencia. **A**
Me siento amado cuando la gente se toma el tiempo para entender mis sentimientos. **B**

19
Me siento seguro cuando una persona especial me toca. **E**
Los actos de servicio me hacen sentir amado. **D**

20
Agradezco las muchas cosas que las personas especiales hacen por mí. **D**
Me gusta recibir regalos que me hacen personas especiales. **C**

21 Disfruto de veras la sensación que experimento cuando alguien me presta su total atención. **B**

Disfruto de veras la sensación que experimento cuando alguien realiza algún acto de servicio para mí. **D**

22 Me siento amado cuando una persona celebra mi cumpleaños con un regalo. **C**

Me siento amado cuando una persona celebra mi cumpleaños con palabras significativas. **A**

23 Sé que una persona piensa en mí cuando me hace un regalo. **C**

Me siento amado cuando una persona me ayuda con mis tareas. **D**

24 Agradezco cuando alguien escucha con paciencia y no me interrumpe. **B**

Agradezco cuando alguien recuerda los días especiales con un regalo. **C**

25 Me gusta saber que mis seres queridos se preocupan lo suficiente para ayudarme con mis tareas diarias. **D**

Disfruto de los viajes largos con alguien que sea especial para mí. **B**

26 Disfruto cuando beso a personas con las que me siento cerca o cuando me besan a mí. **E**

Me emociona recibir un regalo hecho sin ninguna razón especial. **C**

27 Me gusta que me digan que soy apreciado. **A**

Me gusta que la persona me mire mientras hablamos. **B**

28 Los regalos de un amigo o ser querido siempre son especiales para mí. **C**

Me siento bien cuando me toca un amigo o ser querido. **E**

29 Me siento amado cuando una persona realiza con entusiasmo alguna tarea que le pido que haga. **D**

Me siento amado cuando me dicen lo mucho que me aprecian. **A**

30 Necesito que me toquen todos los días. **E**

Necesito palabras de afirmación cada día. **A**

TOTALES: A: _____ B: _____ C: _____ D: _____ E: _____

A. Palabras de afirmación B. Tiempo de calidad C. Regalos
D. Actos de servicio E. Toque físico

INTERPRETA Y USA TU PUNTUACIÓN DEL PERFIL

¿Qué lenguaje del amor recibió la mayor puntuación? Ese es tu lenguaje primario del amor. Si el total de puntos para dos lenguajes del amor son iguales, eres «bilingüe» y tienes dos lenguajes primarios del amor. Además, si tienes un lenguaje secundario del amor, o uno que tenga una puntuación cercana al de tu lenguaje primario del amor, eso significa que ambas expresiones de amor son importantes para ti. La puntuación más alta posible para cualquiera de los lenguajes del amor es doce.

Aunque es posible que le dieras una mayor puntuación a algunos lenguajes del amor que a otros, trata de no pasar por alto estos lenguajes como poco importantes. Tus amigos y seres queridos quizá expresen el amor de esas maneras, y te beneficiarás de comprender eso. Asimismo, a tus amigos y seres queridos los beneficiará saber cuál es tu lenguaje del amor y expresarte su afecto en formas que interpretas como amor. Cada vez que tú o ellos se hablen el lenguaje el uno al otro, anotan puntos emocionales entre sí. Desde luego, nadie debe llevar una hoja con las puntuaciones. El resultado de hablar el lenguaje del amor de otra persona es más un sentimiento de «esa persona me comprende y se preocupa por mí». Con el tiempo, este sentimiento se multiplica hasta convertirse en un mayor sentido de conexión.

Al igual que identificar y hablar el lenguaje del amor de una persona fortalece la relación, no hacerlo puede provocar que un amigo o ser querido se lleven la impresión de que no le quieres. Cuando las personas no comunican amor en una forma que se perciba como amor, sus esfuerzos, por muy sinceros que sean, se desperdician en cierto modo. Esto tal vez sea frustrante para ambos, tanto para el que da amor como para el que lo recibe. Es posible que tú, sin saberlo, seas culpable de hablar un lenguaje «extranjero» del amor en el pasado con alguien que amabas. La comprensión del concepto de los lenguajes del amor puede ayudarte a saber cómo expresar con eficiencia tus sentimientos, a fin de que se reciban e interpreten tal como era tu intención.

Si las personas especiales en tu vida aún no han hecho el «Perfil de los cinco lenguajes del amor», anímalas a que lo realicen. Después, analicen sus respectivos lenguajes del amor y usen esa información para mejorar sus relaciones.

APÉNDICE:

Citas en línea: Beneficios, trampas y cosas para considerar

El internet ha revolucionado el mundo. Las actividades que alguna vez requirieron presencia física, como compras, comunicación, investigación o citas amorosas, ahora se pueden hacer en línea con un clic del ratón a través de Amazon, Skype, Facebook, Twitter, Google o uno de los muchos sitios de citas por internet y aplicaciones como Match.com, eHarmony, Tinder y Christian Mingle.

Las citas en línea, una industria de unos dos mil millones de dólares al año[1], se están convirtiendo en el medio de elección para que muchos conozcan a parejas potenciales. Una encuesta de *Pew Research* de 2016 revela que alrededor del 15% de los adultos estadounidenses han utilizado un sitio o aplicación de citas en línea, para un aumento del 11% en 2013[2]. Desde 2016, Match.com tiene más de treinta y cinco millones de usuarios; Christian Mingle más de cinco millones y medio[3]. En 2009, los tres principales lugares donde las parejas heterosexuales en los Estados Unidos se conocieron fueron a través de amigos, en un bar o restaurante, y por internet[4]. Sin embargo, solo el 5 % de los estadounidenses que están actualmente casados o en una relación a largo plazo conoció a su pareja en línea[5].

Los lugares donde las personas se conocen han cambiado de manera significativa en los últimos años. En 1940, la reunión en la iglesia era tan común como la reunión en un bar o a través de los vecindarios; en 2010, solo el 2 % de las parejas dijo que se conocieron en la iglesia[6]. En nuestra sociedad cada vez más tecnológica, no es de extrañar que las citas en línea hayan ganado popularidad en la última década. El aumento ha sido notable en especial entre las edades de dieciocho a veinticuatro años, pero también se produce entre los grupos de mayor edad[7]. El rápido crecimiento de las aplicaciones de citas en línea es un contribuyente significativo a este aumento. Un estudio del *Pew Research Center* revela que un factor importante que impulsa el crecimiento de las citas en línea «entre los adultos más jóvenes es su uso de aplicaciones de citas móviles. Alrededor de uno de cada cinco jóvenes de entre 18 y 24 años (22 %) ahora informan que usan aplicaciones móviles de citas; en 2013, solo el 5 % informó que lo hacía»[8]. Y el 42 % de los estadounidenses conocía a alguien que se comprometió con citas en línea en 2013, en comparación con el 31 % en 2005[9].

Por otra parte, el estigma que ha rodeado las citas en línea parece estar disminuyendo. En 2015, a diferencia de 2005, la mayoría de los estadounidenses estuvo de acuerdo en que «las citas en línea son una buena forma de conocer personas»[10]. Sin embargo, todavía hay algunos que tienen una opinión negativa de las citas en línea, con el 23 % de los estadounidenses de acuerdo en que «las personas que usan sitios de citas en línea están desesperadas»[11].

Tendrás que llegar a tus propias conclusiones sobre el mérito de las citas en línea y si deseas utilizar sitios o aplicaciones de citas en línea. En cualquier caso, hay que considerar tanto los posibles beneficios como los peligros potenciales de las citas en línea.

Un posible beneficio de las citas en línea es que te ***puede ayudar a facilitar la conexión con otras personas que son compatibles contigo, y que tienen valores y creencias similares***. Según una encuesta de *Pew Research*, el 52 % de los usuarios de citas en línea afirmaron que «conocer personas que tienen tus mismas creencias o valores» fue una de las principales razones por las que decidieron participar de las citas en línea[12]. Las creencias y valores comunes son cruciales para una relación de pareja sana, y las citas en línea pueden ser un medio para encontrar personas con principios y creencias religiosas en común.

Otro aspecto positivo de las citas en línea es que ***amplían en gran medida el alcance de las personas con las que puedes encontrarte y salir***. Sin internet, las citas se limitan a las esferas sociales y geográficas de las personas: con quienes se cruza en persona, con sus amigos, con sus padres. Sin embargo, el internet deja de lado estas fronteras geográficas y situacionales, y puede ser un medio que conecte a dos personas compatibles de esferas dispares. Antes del internet, la proximidad era un indicador sustancial de la persona con la que saldrías y te casarías al final. Un estudio sobre la ciudad de Filadelfia en 1932 reveló que «casi el 40 % vivía a no más de veinte cuadras de su futuro cónyuge» y «menos del 20 % encontró el amor con alguien que vivía fuera de la ciudad»[13]. Entonces, la Segunda Guerra Mundial y el aumento de la educación superior, trajo una mayor movilidad geográfica y social, y el internet rompió aún más esas barreras.

Por otro lado, ***la amplia gama de personas con las que puedes encontrarte y tener citas en línea es una trampa potencial***. Según una encuesta de *Pew Research*, «un tercio de los usuarios del internet (32 %) está de acuerdo con la afirmación de que "las citas en línea evitan que las personas sienten cabeza, pues siempre tienen opciones para salir con otras personas"»[14]. Harry Reis, profesor de la Universidad de Rochester, dijo: «Sugerimos [a los usuarios de citas en línea] que no intenten tener la mentalidad de compra y no vean a las personas alternativas de la misma manera que lo hacen con un par de pantalones»[15]. La proliferación de opciones y la facilidad con la que se puede ignorar o hacer caso omiso a las personas en línea pueden dificultar la búsqueda de una relación comprometida. Como un usuario de Twitter contó: «La mujer que estaba a mi lado en este bar solo suspiró, sacó su teléfono, oscureció la pantalla, abrió la aplicación Tinder, y comenzó a deslizar el dedo como si no hubiera mañana»[16].

Si bien un beneficio de las citas en línea es que puede ser un medio por el que se reúnan las personas que de otra manera nunca se hubieran conocido, ***es crucial que al contacto inicial en línea les sigan encuentros personales cara a cara en la vida real***. No es prudente confiar solo en las comunicaciones en línea; las relaciones sanas se forjan y refuerzan mediante interacciones personales cara a cara. Ciertas circunstancias quizá requieran períodos prolongados de separación de tu pareja, como un cónyuge que preste servicios en el ejército, durante el cual puedes utilizar la comunicación en línea para cultivar de forma creativa la relación. En cambio, no es una buena idea una relación permanente de citas en línea a larga distancia, sin que se tenga la interacción cara a cara en la vida real (¡Skype y FaceTime no cuentan!). Las citas en línea pueden ser un recurso útil para facilitar que los solteros conozcan a otros solteros, pero se deben evitar los compromisos hasta que se le dedique tiempo al contacto personal directo y cara a cara entre sí. No obstante, *los usuarios de citas en línea deben estar atentos*, en especial cuando se encuentran en persona por primera vez con alguien que conocieron en línea.

Lo cual lleva a otra trampa potencial de las citas en línea: ***el predominio del engaño y la existencia de depredadores***. Una encuesta de *Pew Research* revela que «el 54% de los usuarios de citas en línea han sentido que *otra persona tergiversó muchísimo su perfil*»[17]. Si bien el engaño puede ocurrir y sucede en las interacciones cara a cara, el internet agrega otra capa con la que alguien puede ocultar su verdadero yo. Las citas en línea requieren una mayor dosis de circunspección. No hace falta decir que algunos usuarios de citas en línea tienen motivos ocultos, y más de unas pocas personas fabrican sus perfiles en línea y se hacen pasar por personas que no son. Mientras que las personas pueden mentir y ocultar su verdadero yo en persona, es aún más fácil colocar una fachada en línea: fotos falsas, biografías tergiversadas, edades inventadas. Un estudio de Catalina L. Toma, profesora asistente de la Universidad de Wisconsin-Madison, mostró que el 81 % de los usuarios de citas en línea fabrican información sobre sus perfiles en cuanto a edad, peso o estatura[18].

Con el internet viene el peligro potencial de los depredadores que intentan atraer a las víctimas a través de citas en línea, redes sociales o de algún otro modo. El *Pew Research Center* reveló que «al 28 % de los usuarios en línea los contactó alguien a través de un sitio o aplicación de citas en línea de una manera que los hizo sentir hostigados o incómodos»[19]. Lo lamentable es que hay depredadores que explotan las citas en línea a fin de llegar a usuarios desprevenidos, y ocultar sus verdaderos yos y motivos detrás de perfiles ficticios. Las apariencias engañan. El *Chicago Tribune* informa: «De acuerdo con las autoridades policiales, no hay manera de saber qué porcentaje de agresiones sexuales está relacionado con las citas en línea. Sin embargo, al proporcionar acceso a millones de personas, estos servicios de internet, dicen los expertos, ofrecen un universo cada vez más amplio en el que pueden rondar los que intentan la violencia»[20]. Por lo tanto, si decides utilizar sitios o aplicaciones de citas en línea, se justifica una medida adicional de precaución.

Al decidir si las citas en línea son algo que deseas hacer, existen tanto beneficios como dificultades para considerarlos de manera atenta y en oración. Además de las formas tradicionales sin conexión, los sitios y aplicaciones de citas en línea pueden ser otro medio para iniciar una relación de noviazgo. De cualquier manera, los principios de una relación de pareja sana aún deben aplicarse una vez que la relación está en marcha, ya sea que comenzara en línea o fuera de línea.

LOS 5 LENGUAJES
DEL
amor
EDICIÓN PARA SOLTEROS

Notas

Capítulo 1: Adultos solteros

1. «Singles Now Outnumber Married People in America», NPR, 24 de septiembre de 2014. Datos del *Pew Research Institute* (www.PRI.org).
2. Stephanie Hanes, «Singles Nation: Why So Many Americans Are Unmarried», *Christian Science Monitor*, 14 de junio de 2015; http://www.csmonitor.com/USA/Society/2015/0614/Singles-nation- Why-so-many-Americans-are-unmarried.
3. «US Divorce Rates and Statistics», Divorce Statistics (divorcesource.com, sin fecha).
4. «Can Separated Couples Reconcile», Divorce Statistics, http://www.divorcestatistics.info/can-separated-couples-reconcile.html.
5. Diann B. Elliott y Tavia Simmons, «Marital Events of Americans: 2009» (census.gov, sin fecha).
6. «Single Mother Statistics», Single Mother Guide, 1 de junio de 2015 (singlemotherguide.com).
7. Leo Buscaglia, *Amor*, Editorial Diana, México, 1990, p. 69.

Capítulo 2: Esto es todo

1. Dorothy Tennov, *Love and Limerence*, Stein and Day, Nueva York, 1972, p. 142.

Capítulo 3: Primer lenguaje del amor

1. Proverbios 18:21
2. Lucas 6:38.
3. 1 Juan 4:19 (RV-60).
4. Proverbios 15:1.

Capítulo 4: Segundo lenguaje del amor

1. Gary Chapman, *Los 5 lenguajes del amor*, Unilit, Medley, FL, 2017, p. 80.

Capítulo 5: Tercer lenguaje del amor

1. Lee Juan 13:3-17.
2. Gálatas 5:13.
3. Hechos 20:35, RVC.
4. Según se cita en Buscaglia, *Amor*, p. 58 (del original en inglés).

Capítulo 6: Cuarto lenguaje del amor

1. Nota de la traductora: El *Grand Ole Opry* es un programa radiofónico de música *country*, el más antiguo de Estados Unidos.

Capítulo 7: Quinto lenguaje del amor

1. Buscaglia, *Amor*, 104 (del original en inglés).
2. Kersti Yllo y Murray A. Straus, «Interpersonal Violence among Married and Cohabiting Couples», *Family Relations* 30, 1981, p. 343.
3. Glenn T. Stanton, *Why Marriage Matters*, Pinon, Colorado Springs, 1997, p. 53.
4. JoNel Aleccia, «"The New Normal": Cohabitation on the Rise, Study Finds», NBC News, 4 de abril de 2013, http://www.nbcnews.com/health/new-normal-cohabitation-rise-study-finds-IC9208429.
5. William G. Axinn y Arland Thornton, «The Relationship between Cohabitation and Divorce: Selectivity or Causal Influence?», *Demography* 29, 1992, pp. 357–74.
6. Jan E. Stets, «The Link between Past and Present Intimate Relationships», *Journal of Family Issues* 14, 1993, pp. 236–260.
7. Edward Laumann, John Gagnon, Robert Michael y Stuart Michaels, *Social Organization of Sexuality: Sexual Practices in the United States*, University of Chicago Press, Chicago, 1994, gráfico 11.12.

8. Linda G. Waite y Maggie Gallagher, *The Case for Marriage*, Doubleday, Nueva York, 2000, p. 91.
9. Gary Chapman, *Los 5 lenguajes del amor de los jóvenes*, Unilit, Medley, FL, 2017, p. 75.

Capítulo 9: Familia

1. Éxodo 20:12.
2. Efesios 6:2-3.

Capítulo 10: Relaciones de noviazgo. Primera parte

1. Erich Fromm, *El arte de amar*, Grupo Planeta, Barcelona, España, 2007, p. 3.
2. Santiago 1:19.
3. Mateo 20:28.
4. Mateo 20:26.

Capítulo 11: Relaciones de noviazgo. Segunda parte

1. Waite y Gallagher, *The Case for Marriage*, p. 2.
2. Génesis 2:18.
3. Génesis 2:24, RVC.
4. Un ejercicio que tú y tu pareja pueden hacer juntos para medir su intimidad emocional es calificar el grado en que sienten que cada uno de estos elementos existe en su relación: amor, respeto y apreciación. Califica cada elemento en una escala del uno al diez. Díganse por qué su número era alto o bajo. Ilústrenlo.
5. H. Weinstock y otros, «Sexually Transmitted Diseases among American Youth», Perspectives on Sexual and Reproductive Health 2004 (1), pp. 6–10; citado por los centros de control y prevención de enfermedades en el informe «Trends in Reportable Sexually Transmitted Diseases in the United States, 2006», en www.cdc.gov/std/stats/trends2006.htm.
6. Stanton, *Why Marriage Matters*, p. 34.
7. Lee 1 Juan 1:9.
8. Lee Efesios 4:15, 25.
9. Kim McAlister, «The X Generation», *HR Magazine*, mayo de 1994, p. 21.

Capítulo 12: No son solo para relaciones románticas

1. Mateo 5:44.

Capítulo 13: Soltero con hijos

1. La historia de Amanda apareció por primera vez en Chapman, *Los 5 lenguajes del amor de los jóvenes*, pp. 199-200, del cual se adaptó.
2. Shmuel Shulman e Inge Seiffge-Krenke, *Fathers and Adolescents*, Routledge, Nueva York, 1997, p. 97.
3. Gary Chapman and Ross Campbell, *Los 5 lenguajes del amor de los niños*, Unilit, Medley, FL, 2018, pp. 188-189.
4. Sherill y Prudence Tippins, *Two of Us Make a World*, Holt, Nueva York, 1995, p. 56.
5. Quizá desees utilizar lo siguiente: Gary Chapman y Ross Campbell, «The Five Love Languages of Children Video Pack», Lifeway Christian Resources, Nashville, 1998.

Capítulo 14: Éxito

1. Tom Peters, *Thriving on Chaos: Handbook for a Management Revolution*, audiolibros de Random House, Nueva York, 1987.
2. Kevin Leman, *Winning the Rat Race Without Becoming a Rat*, Nelson, Nashville, 1996, pp. 60, 99, 100.
3. *Ibidem*, p. 100.
4. Para más información acerca de esto, consulta de Gary Chapman y Paul White, *Los 5 lenguajes del aprecio en el trabajo: Cómo motivar al personal para mejorar su empresa*, Editorial Portavoz, Grand Rapids, MI, 2012.
5. C.S. Lewis, *Cristianismo... ¡y nada más!*, Editorial Caribe, Miami, FL, 1977, pp. 130-131.
6. Mateo 5:43-44.
7. Mateo 5:45.
8. Romanos 5:5.
9. Romanos 5:8.
10. James S. Hewett, editor, *Illustrations Unlimited*, Tyndale, Wheaton, IL, 1988, p. 470.
11. Para obtener ayuda práctica, es posible que quieras leer de Gary Chapman, *Dios habla tu lenguaje del amor*, Unilit, Medley, FL, 2016.

Apéndice: Citas en línea: Beneficios, trampas y cosas para considerar

1. Jeff Bercovici, «Love On The Run: The Next Revolution In Online Dating», Forbes, F14 de febrero de 2014, http://www.forbes.com/sites/jeffbercovici/2014/02/14/love-on-the-run-the-next-revolution-in-online-dating/#659b768c485f.

2. Aarón Smith, «15% of American Adults Have Used Online Dating Sites or Mobile Dating Apps», Pew Research Center, 11 de febrero de 2016, http://www.pewinternet.org/2016/02/11/15-percent-of-american-adults-haveused-online-dating-sites-or-mobile-dating-apps/.
3. Bonny Albo, «The Most Popular Online Dating Sites», About.com, actualizado el 30 de abril de 2016, http://dating.about.com/od/largestdatingsites/tp/Most-Popular-Online-Dating-Sites.htm.
4. De un estudio de Michael Rosenfeld, «How Couples Meet and Stay Together», http://data.stanford.edu/hcmst; citado en Roberto A. Ferdman, «There Are Only Three Ways to Meet Anyone Anymore», *Washington Post*, 8 de marzo de 2016, https://www.washingtonpost.com/news/wonk/wp/2016/03/08/how-much-life-has-changed-in-one-incredible-chart-about-dating/.
5. Aarón Smith y Mónica Anderson, «5 Facts about Online Dating», Pew Research Center, 29 de febrero de 2016, http://www.pewresearch.org/fact-tank/2016/02/29/5-facts-about-online-dating/.
6. Datos de una encuesta citada en *Modern Romance* por Aziz Ansari. Según se informó en Anna Broadway, «How the Search for a Soulmate Went from Church Potlucks to Tinder», *Washington Post*, 4 de septiembre de 2015, https://www.washingtonpost.com/news/acts-of-faith/wp/2015/09/04/how-the-search-for-a-soulmate-went-from-churchpotlucks-to-tinder/?postshare=7651467212485594&tid=ss_mail.
7. Smith y Anderson, «5 Facts about Online Dating».
8. *Ibidem.*
9. Aarón Smith y Maeve Duggan, «Online Dating & Relationships», Pew Research Center, 21 de octubre de 2013, http://www.pewinternet.org/2013/10/21/online-dating-relationships/.
10. Smith y Anderson, «5 Facts about Online Dating».
11. *Ibidem.*
12. Aarón Smith y Maeve Duggan, «Part 2: Dating Apps and Online Dating Sites», Pew Research Center, http://www.pewinternet.org/2013/10/21/part-2-dating-apps-and-online-dating-sites/.
13. Cita de Paul Kerley, «The Graphs That Show the Search for Love Has Changed», *BBC News Magazine*, 13 de febrero de 2016, http://www.bbc.com/news/magazine-35535424?r=1, en referencia a un estudio de James Brossard; citado en Roberto A. Ferdman, «There Are Only Three Ways to Meet Anyone

Anymore», *Washington Post*, 8 de marzo de 2016, https://www.washingtonpost.com/news/wonk/wp/2016/03/08/how-much-life-has-changed-in-one-incredible-chart-about-dating/.

14. Smith y Duggan, «Part 2: Dating Apps and Online Dating Sites». Investigación citada en Hayley Tsukayama, 21 de octubre de 2013, «How We View Online Dating», https://www.washingtonpost.com/business/technology/how-we-view-onlinedating/2013/10/21/f3e9beec-3a0c-11e3-a94f-b58017bfee6c_story.html.
15. Harry Reis, según cita Susan Donaldson James, «Online Dating: Popular and Stigma Is Gone, but Don't Pay for It», ABC News, 6 de febrero de 2012, http://abcnews.go.com/Health/online-dating-sites-scientific-stigma/story?id=15509389.
16. Roberto Ferdman, mensaje de Twitter, 15 de enero de 2016; de https://www.washingtonpost.com/news/wonk/wp/2016/03/08/how-much-life-has-changed-in-one-incredible-chart-about-dating/.
17. Smith y Duggan, «Part 2: Dating Apps and Online Dating Sites».
18. Estudio de Catalina L. Toma, profesora asistente en la universidad de Wisconsin-Madison, citado en Stephanie Rosenbloom, «Love, Lies and What They Learned», *New York Times*, 12 de noviembre de 2011, http://www.nytimes.com/2011/11/13/fashion/online-dating-as-scientific-research.html?pagewanted=all&_r=1&, y en Meredith Danko, «11 Results from Studies About Online Dating», Mental Floss, 17 de octubre de 2014, mentalfloss.com/article/59509/11-results-studies-about-online-dating.
19. Smith y Duggan, «Part 2: Dating Apps and Online Dating Sites».
20. Erin Meyer, «Sexual Predators Turn to Web to Snare Victims», *Chicago Tribune*, 22 de noviembre de 2012, http://articles.chicagotribune.com/2012-11-22/news/ct-met-online-dating-20121122_1_spark-networks-true-com-onlinerelationship-site.